Argyfwng Hunaniaeth a Chred

Hefyd yn y gyfres:

Argyfwng Hunaniaeth a Chred

Ysgrifau ar athroniaeth J. R. Jones

Golygydd

E. Gwynn Matthews

Adran Athronyddol
Graddedigion Prifysgol Cymru

Astudiaethau Athronyddol 6

Argraffiad cyntaf: 2017

Dymuna'r cyhoeddwyr gydnabod cymorth ariannol
Cyngor Llyfrau Cymru

Cynllun y clawr: Y Lolfa

Rhif Llyfr Rhyngwladol: 978 1 78461 458 4

Cyhoeddwyd ac argraffwyd yng Nghymru
ar bapur o goedwigoedd cynaladwy gan
Y Lolfa Cyf., Talybont, Ceredigion SY24 5HE
gwefan www.ylolfa.com
e-bost ylolfa@ylolfa.com
ffôn 01970 832 304
ffacs 832 782

Cynnwys

Adran Athronyddol Graddedigion Prifysgol Cymru

Swyddogion 2016-17

Llywyddion Anrhydeddus
Walford L. Gealy

Yr Athro Howard L. Williams

Llywydd
Yr Athro Steven D. Edwards

Is-Lywydd
Huw Lewis

Ysgrifennydd
Huw L. Williams

Golygydd 'Astudiaethau Athronyddol'
E. Gwynn Matthews

Trysorydd
Meilyr Ceredig

Rhagair

AETH HANNER CANRIF HEIBIO ers cyhoeddi yn 1966 yr hyn y gellir ei ystyried fel y dadansoddiad athronyddol dwysaf o'n hunaniaeth fel Cymry, sef *Prydeindod*, J. R. Jones. Yn syniadol ac yn ymarferol bu canlyniadau cyhoeddi'r gyfrol yn sylweddol iawn. Eisoes, yn 1964, roedd J. R. Jones wedi cynhyrfu'r dyfroedd crefyddol gyda'r pamffledyn *Yr Argyfwng Gwacter Ystyr*, lle ceisiodd ddeall cysyniadau canolog Cristnogaeth mewn modd a fyddai'n ystyrlon mewn oes a osodai fri ar wyddoniaeth ac a fu'n dyst i'r Holocost.

Wedi hanner canrif mae'n briodol, ac yn wir yn ddyletswydd arnom, i ailedrych ar waith J. R. Jones – gwaith y gellid ei ddisgrifio fel gwaith proffwydol (yn yr ystyr Feiblaidd). Yr awydd i ailystyried ei waith, ac i'w gyflwyno i genhedlaeth newydd, a ysgogodd Adran Athronyddol Graddedigion Prifysgol Cymru a'r Coleg Cymraeg Cenedlaethol i gynnal cynadleddau yn 2015 a 2016, y naill yn Aberystwyth a'r llall yn Abertawe, ar waith J. R. Jones. Papurau a gyflwynwyd yn y cynadleddau hynny yw mwyafrif y papurau a gyhoeddir yn y rhifyn hwn o Astudiaethau Athronyddol, ac yr ydym yn hynod ddiolchgar i'r awduron am eu caniatâd i gyhoeddi'r papurau hynny.

Yn ninas athroniaeth y mae llawer o drigfannau, ac mae hynny'n cael ei adlewyrchu yn safbwyntiau'r awduron. Ystyrir gwaith J.R. o sawl persbectif yn y casgliad presennol – rhai Ewropeaidd a rhai Angloffon, rhai ceidwadol a rhai rhyddfrydol. Erys ei waith yn ffrwythlon o hyd.

Traddododd Dr Grahame Davies ei bapur yng nghynhadledd 2014 yr Adran Athronyddol a thraddododd Dr Richard Glyn Roberts a Dr Robert Pope eu papurau hwy yng nghynhadledd 2015. Traddodwyd papurau Dr Simon Brooks, Walford Gealy, yr Athro Steve Edwards a Dr Huw Rees yng nghynhadledd y

Coleg Cymraeg Cenedlaethol yn 2016. Yno hefyd y cyflwynwyd y perfformiad o syniadau J. R. Jones a drafodir gan Rhiannon M. Williams. Ysgrifennwyd papur Dr Huw L. Williams yn arbennig ar gyfer y gyfrol hon. Ef hefyd, yn rhinwedd ei swyddi fel Ysgrifennydd yr Adran Athronyddol ac fel Darlithydd Cenedlaethol y Coleg Cymraeg mewn Athroniaeth, a gafodd y cyfrifoldeb o drefnu'r tair cynhadledd uchod. Yr ydym yn ddyledus dros ben iddo am ei holl waith a gyflawnwyd bob amser gyda graen.

Cydnabyddir gyda diolch arbennig nawdd Prifysgol Cymru, y Coleg Cymraeg Cenedlaethol a'r Cyngor Llyfrau tuag at gostau cyhoeddi'r rhifyn hwn o Astudiaethau Athronyddol. Diolch hefyd i'r Lolfa am eu gwaith cymen ac am hynawsedd ac effeithiolrwydd staff pob adran o'r wasg, ac i Dr Gwen Gruffudd am ei gwaith yn cysoni'r nodiadau llyfryddol.

E. Gwynn Matthews
Pasg 2017

Awduron yr Ysgrifau

Walford L. Gealy Bu Walford Gealy yn fyfyriwr dan yr Athro J. R. Jones yng Ngholeg y Brifysgol, Abertawe. Mae'n gweithio yn y traddodiad Wittgensteinaidd, ac ef yw awdur y gyfrol ar Wittgenstein yng nghyfres 'Y Meddwl Modern' a'r bennod arno yn *Hanes Athroniaeth y Gorllewin*. Cynhyrchodd lawer o waith ar athroniaeth Dewi Z. Phillips. Bu'n gyfrannwr cyson i gylchgronau dysgedig yn y Saesneg a'r Gymraeg, a rhwng 1987 a 2005 bu'n cydolygu *Efrydiau Athronyddol*. Cyn ei ymddeoliad bu'n uwch-ddiwtor mewn Athroniaeth yn Adran Efrydiau Allanol Prifysgol Cymru, Aberystwyth.

Robert Pope Mae Dr Robert Pope yn Ddarllenydd mewn Diwinyddiaeth ym Mhrifysgol Cymru: Y Drindod Dewi Sant. Hanes a diwinyddiaeth Ymneilltuaeth yng Nghymru a Lloegr yw ei arbenigedd, ac mae wedi cyhoeddi nifer o ysgrifau ar y pynciau hyn. Ar hyn o bryd mae'n paratoi cyfrol ar hanes athrawiaeth yr eglwys (sef hanes 'eglwysoleg'), gan gynnwys hanes syniadaeth am y sagrafennau ac am y weinidogaeth. Mae'n weinidog ordeiniedig yn yr Eglwys Ddiwygiedig Unedig (United Reformed Church) ac yn aelod o'r Center for Theological Inquiry, Princeton, UDA.

Huw L. Williams Athroniaeth wleidyddol yw arbenigedd Dr Huw L. Williams, ac mae'n ddarlithydd mewn athroniaeth yn y Coleg Cymraeg Cenedlaethol, wedi ei leoli ym Mhrifysgol Caerdydd. Mae wedi cyhoeddi llyfrau ar gyfiawnder byd-eang ac athroniaeth Gymreig, gan gynnwys y gyfrol ddiweddar, *Credoau'r Cymry*. Ar hyn o bryd mae'n gweithio ar gyfrol arall ar gyfer cyfres 'Syniadau' Gwasg Prifysgol Cymru.

Steven D. Edwards Athro Athroniaeth Gofal Iechyd ym Mhrifysgol Abertawe yw'r Athro Steven D. Edwards. Cyhoeddodd lyfrau ar athroniaeth meddwl, gwybodeg ac athroniaeth gymhwysol yn ogystal â thros hanner cant o erthyglau mewn cyfnodolion academaidd. Mae wedi arbenigo yn ddiweddar ar broblemau moesegol yng nghyd-destun trawsblannu organau ac ymchwil feddygol ym maes pobl fregus.

Dafydd Huw Rees Mae Dr Dafydd Huw Rees yn dysgu Athroniaeth ym Mhrifysgol Caerdydd a Phrifysgol Cymru: Y Drindod Dewi Sant dan nawdd y Coleg Cymraeg Cenedlaethol. Mae'n arbenigo ar athroniaeth wleidyddol ac athroniaeth crefydd. Bydd ei lyfr cyntaf, *The Postsecular Political Philosophy of Jürgen Habermas: Translating the Sacred*, yn cael ei gyhoeddi'n fuan gan Wasg Prifysgol Cymru.

Simon Brooks Llyfr diweddaraf Dr Simon Brooks yw *Pam na fu Cymru* (Gwasg Prifysgol Cymru, 2015). Cyhoeddwyd addasiad Saesneg, *Why Wales never was*, eleni. Mae ei lyfrau eraill yn cynnwys *Yr Hawl i Oroesi* ac *O Dan Lygaid y Gestapo*. Golygodd, ar y cyd â Dr Richard Glyn Roberts, y gyfrol *Pa beth yr aethoch allan i'w achub?* Mae ei lyfr nesaf, *Hanes Cymry*, yn trafod lleiafrifoedd ethnig yn y diwylliant Cymraeg.

Richard Glyn Roberts Brodor o Lŷn yw Dr Richard Glyn Roberts. Mae'n ddarlithydd yn Adran y Gymraeg, Prifysgol Aberystwyth. Golygodd, gyda Dr Simon Brooks, *Pa beth yr aethoch allan i'w achub?* a gyhoeddwyd gan Wasg Carreg Gwalch yn 2013.

Grahame Davies Mae Dr Grahame Davies, sydd yn fardd, awdur a libretydd, wedi cyhoeddi 17 o lyfrau, gan gynnwys *Cadwyni Rhyddid* (a enillodd wobr Llyfr y Flwyddyn), y nofel *Rhaid i Bopeth*

Newid (a roddwyd ar y rhestr hir ar gyfer yr un wobr), astudiaeth o Gymru a'r Iddewon, *The Chosen People*, astudiaeth o Gymru ac Islam, *The Dragon and the Crescent*, a chyfrol seico-ddaearyddol, *Real Wrexham*. Mae'n llywodraethwr ac yn gymrawd o Goleg Goodenough, Llundain.

Rhiannon M. Williams Darlithydd i'r Coleg Cymraeg Cenedlaethol mewn Theatr a Drama ym Mhrifysgol De Cymru yw Dr Rhiannon M. Williams. Cwblhaodd ei doethuriaeth ar 'Y Capel Cymraeg, Cymdogaeth a Pherfformiad' yn 2016. Bu'n perfformio mewn sawl cyfrwng cyn dechrau gweithio ym myd addysg, a bellach mae'n cyfuno'r meysydd drwy gyfrwng ymarfer fel ymchwil.

J. R. Jones, y dyn a'i athroniaeth

Walford L. Gealy

G ANED J. R. JONES YM MHWLLHELI ym Medi 1911 a bu farw yn Abertawe yn 1970 yn 58 oed. Ond er byrred ei ddyddiau, tyfodd yn enwog yn ei faes academaidd, sef athroniaeth ac, yn ogystal, fel gwladgarwr ac un a frwydrodd dros barhad y Gymraeg.

Serch y bri a ddaeth i'w ran am ei ymroddiad llwyr i'r ddau fyd yma, ni fu bywyd yn hawdd iddo. Ymddengys i mi iddo wynebu nifer o densiynau mewnol dwys gydol ei fywyd – yn rhannol oherwydd natur ei ddisgyblaeth intelectol a'i sensitifrwydd fel person annwyl, hynod o ostyngedig a diymhongar a chrefyddol. Ac ar ben hyn, ni fu ffawd o'i blaid wrth iddo gael ei ddyrchafu i'r gadair Athroniaeth yn Abertawe. Nid nad oedd yn haeddu'r anrhydedd hon. Roedd yn ei *llwyr* haeddu. Ond tybiaf y byddai wedi bod yn hapusach mewn cadair yn un o golegau eraill Prifysgol Cymru yn hytrach nag yn Abertawe. Ni wyddai, ac ni allai fod wedi gwybod ymlaen llaw, beth oedd o'i flaen yn Abertawe pan ddaeth yno yn 1952. Daw'r rheswm am hyn o ddyfarniad yn amlwg islaw.

Roedd J.R. yn gymeriad hyfryd iawn, yn agos atoch ac yn dadol ei agwedd tuag at y myfyrwyr ifainc oedd yn eistedd wrth ei draed. Ond, ar y llaw arall, roedd yn gymeriad cymhleth nad yw'n hawdd ei ddadansoddi na'i ddeall. Yn sicr, ni ellir esbonio mewn termau athronyddol pur yn unig y newidiadau meddyliol a chrefyddol niferus a fu'n nodweddiadol ohono yn ystod ei yrfa. Fy rheswm dros yr honiad hwn yw i nifer o'i gyfoedion – rhai ohonynt yn gyd-weithwyr iddo yn Aberystwyth, megis yr Athro Aaron, yr Athro T. A. Roberts, Dr O. R. Jones ac eraill – gadw at egwyddorion sylfaenol eu hathroniaeth (sef empeiriaeth Brydeinig) yn ogystal â glynu wrth eu hargyhoeddiadau crefyddol Cristnogol, a hynny drwy gydol eu bywydau. Beth felly oedd yn wahanol ynddynt, neu iddynt, hwy i J.R., ac yntau'n fachgen yn ei arddegau yn ymgeisydd am y weinidogaeth Gristnogol?

Ceisiais edrych i gyfeiriadau eraill am esboniadau dros y cyfnewidiadau cyson hynny yn safbwyntiau J.R. yn ystod ei fywyd, yn enwedig parthed ei ffydd. Ystyriais, er enghraifft, a oedd honiad Aristoteles (wrth iddo egluro'r llinyn mesur canolog hwnnw yn ei *Foeseg Nicomachaidd*, sef 'y canol euraidd') ei bod hi'n bosibl bod yn or-rinweddol ar adegau yn berthnasol yn achos J.R. Ac o ystyried un o brif rinweddau moesol cymeriad J.R., ydyw hi'n bosibl i berson fod yn orostyngedig, a hynny i'r graddau y cyll bob hyder yn ei allu ei hun, a dirnad helaethach doethineb yng ngweithiau eraill? Wn i ddim. Byddai ateb cadarnhaol i'r cwestiwn hwn o leiaf yn ymddangos yn groes i elfen arall sy'n amlwg iawn yng ngweithiau diweddarach J.R., sef *yr ewyllys* a'r penderfyniad i wneud yr hyn a gyfrifir o bwys yn ein bywydau. Roedd yr elfen hon yn gryf yn ei athroniaeth wleidyddol a chrefyddol fel ei gilydd. Ond os oes amwysedd ynglŷn â'r hyn yr anelir ato, ofer yw cryfder ewyllys. Yn sicr, parthed ystyriaethau ac argyhoeddiadau gwleidyddol J.R. roedd y nod yn glir a'r ewyllys yn gryf. Ond yn agweddau crefyddol ei fywyd, ymddengys i mi nad felly yr oedd o gwbl am mai eithriadol o gyfnewidiol oedd ei ddirnadaeth o ystyr iaith crefydd.

Efallai y ceir mwy o oleuni ar y broblem dan sylw wrth edrych ar y dylanwadau hynny a fu ar J.R. ym more ei oes ac ar ôl hynny nes cyrraedd mesur o aeddfedrwydd meddyliol. Credaf o leiaf i dri ffactor, a'r tyndra a ddatblygodd rhyngddynt, ddylanwadu'n drwm arno, sef crefydd, anghyfiawnderau cymdeithasol, a natur yr athroniaeth a goleddai.

Yn ystod ugain mlynedd gyntaf yr ugeinfed ganrif bu dau ddigwyddiad a effeithiodd ar Gymru benbaladr. Y cyntaf o'r ddau yma oedd diwygiad crefyddol 1904/5. Er mai yn ne Cymru y cychwynnodd y diwygiad, dan arweiniad Evan Roberts o Gasllwchwr, lledodd ei ddylanwad yn gyflym dros yr holl wlad. Methodist Calfinaidd oedd Roberts ac roedd gogledd Cymru yn un o gadarnleoedd yr enwad, yn enwedig tre enedigol J.R., sef Pwllheli, lle roedd o leiaf dair eglwys Galfinaidd sylweddol eu maint. (Roedd Pwllheli hefyd yn enwog am gynnal sasiynau'r enwad, pan fyddai rhai cannoedd o gredinwyr yn cyfarfod yn yr awyr agored i addoli.)

Un o ganlyniadau'r diwygiad oedd twf yn y niferoedd a fynychai'r ysgolion Sul. Ers Deddf Addysg 1870, bu disgyniad graddol, ond cyson, yn y niferoedd o blant a fynychai'r ysgolion Sul. (Mae'n debyg mai'r rheswm am hyn oedd i'r rhieni achub ar y cyfle i'w plant feithrin eu medrau llythrennedd a mathemateg mewn ysgolion seciwlar, ac ar wahân felly i sefydliadau crefyddol.) Ond daeth y Diwygiad ag egni newydd i gapeli'r wlad a gwelwyd adferiad go sylweddol yn y niferoedd a fynychai'r ysgolion Sul. Tua'r flwyddyn y ganed J.R. cyrhaeddodd y niferoedd hynny eu pegwn uchaf – o leiaf yn y Gymru Gymraeg – ac nid oedd llawer o leoedd yng Nghymru oedd yn Gymreicach na Phwllheli. Diau i J.R. ddechrau ei addysg gyntaf oll yn yr ysgol Sul. Pwysleisiaf hyn oherwydd er i J.R. ymgodymu â chredo crefyddol uniongred gydol ei fywyd, erys un ffaith anwadadwy amdano, sef ei fod yn gwybod ei Feibl – ac fe gafodd hyn ddylanwad gydol oes arno!

Ond mewn gwrthgyferbyniad llwyr a'r Diwygiad, roedd effaith yr ail ddigwyddiad yn erchyll o drychinebus. Cyfeirir, wrth gwrs, at y Rhyfel Mawr 1914–18 a'i golledion enfawr yn nhermau bywydau pobl ifainc, yn arbennig felly o'r ardal lle magwyd J.R., a Phrif Weinidog y Deyrnas Gyfunol, am ran o

gyfnod y rhyfel, â'i wreiddiau yn yr un ardal. Wrth gwrs, roedd
J.R. yn rhy ifanc ar y pryd i ddeall yr hyn oedd yn digwydd.
Ond erbyn tua diwedd y rhyfel, byddai wedi bod o ddeutu saith oed,
ac mae'n bosibl iddo sylweddoli bod ambell dad i blentyn yn yr
ysgol yn diflannu o'r lle, byth eto i ddychwelyd. A gafodd hyn
effaith hir dymor arno a chyfrannu at ei ddadrithiad crefyddol yng
nghanol oes? Ac a welodd J.R. yn ystod ei blentyndod ambell un
o hoelion wyth yr Hen Gorff yn esgyn i bulpud ei gapel i bregethu
efengyl tangnefedd mewn lifrai milwrol? Os felly, a gafodd hyn
hefyd ddylanwad ar y crwt ifanc a chael effaith andwyol arno nes
ymlaen yn ei fywyd?

A beth, heblaw trychinebau'r Rhyfel Mawr, am
anghyfiawnderau cymdeithasol eraill? Nid oedd y blynyddoedd
a ddilynodd y rhyfel yn rhai hawdd. Yn economaidd, bywyd
digon dilewyrch oedd ffawd y werin bobl. A digwyddiad trist
a ddaeth i ran teulu J.R. oedd iddo ef a'i chwaer, Meri, golli
eu tad o afiechyd naturiol, gan adael eu mam yn weddw ifanc.
Yn y cyfnod hwnnw, roedd tlodi yn gyffredin a phrin oedd
cymorth y wladwriaeth. Ac, wrth gwrs, un ffactor a ychwanegai
at feichiau ariannol gweddwon, a'u plant yn benodol, oedd
y ffaith nad oedd addysg mewn ysgolion uwchradd yn gwbl
rad. Roedd rhaid, er enghraifft, talu am lyfrau gosod mewn
gwahanol bynciau. Sut y gallai gweddw ifanc fedru fforddio hyn
a chynnal y ddau fach a'i chartref ar ei phen ei hun? Roedd yn
rhaid aberthu rhywbeth neu rywun. Deuthum i adnabod Meri
yn wythdegau'r ganrif ddiwethaf. Fe ddywedodd wrthyf fwy
nag unwaith (gan iddi wybod am fy nghysylltiad â'i brawd a
fu'n athro arnaf) ei bod hi'n well na'i brawd yn yr ysgol. 'Ond
John gafodd fynd ymlaen, am mai fo oedd yr hogyn.' Yn sicr,
cefais yr argraff ei bod yn teimlo iddi gael ei haberthu, o leiaf o
safbwynt ei haddysg, er mwyn ei brawd. Ond felly roedd hi ys
llawer dydd – a hynny am ddegawdau wedyn yn hanes cynifer
o ferched a theuluoedd Cymru. Rwy'n sicr y byddai person

mor sensitif â J.R. i anghyfiawnder yn llwyr effro i'r sefyllfa deuluol.

Felly cafodd J.R. ei addysg gynnar ac uwchradd yn yr ysgolion lleol a llwyddodd yn ardderchog. Ond sut y gallai fynd ymlaen yn y byd academaidd heb gefnogaeth ariannol? Un ateb posibl oedd cael cymorth oddi wrth ei enwad crefyddol, a hynny drwy fod yn ymgeisydd am y weinidogaeth. A dyma oedd yr ateb i J.R. Yn ogystal, gallai lenwi ambell bulpud yn achlysurol, a chael peth cydnabyddiaeth am hynny. Y bwriad felly oedd mynd i Goleg Aberystwyth a cheisio am y graddau B.A. a B.D. (Yn y cyfnod hwnnw wrth gwrs, roedd y B.D. yn radd uwch. Rhaid oedd i bob myfyriwr am y radd B.D. fod eisoes wedi ennill gradd Baglor yn gyntaf. Ac felly y bu yn hanes J.R.) Ond, fel myfyriwr israddedig yn 1929, ac yntau yn dechrau ar ei radd gyntaf, dewisodd Athroniaeth yn un o'i bynciau. Cydiodd y pwnc hwn ynddo ac ymhen y tair blynedd graddiodd yn wych gydag anrhydedd dosbarth cyntaf. Cafodd gyfle i wneud dwy flynedd ymhellach yn Aberystwyth er mwyn ennill gradd M.A. Ysgrifennodd draethawd, eithriadol o wych, ar athroniaeth Spinoza. O ganlyniad, enillodd ysgoloriaeth i Goleg Balliol yn Rhydychen ac, ymhen tair blynedd, derbyniodd y radd D.Phil. gan y brifysgol honno. Bellach, roedd gyrfa academaidd ddisglair yn ei aros.

Yn 1939, dychwelodd i Aberystwyth fel darlithydd cynorthwyol yn yr Adran Athroniaeth. Ond a gafodd Rhydychen effaith ar enaid J.R.? Ychydig iawn fyddai nifer y myfyrwyr oedd yno o'i gefndir gwerinol ef. A fyddai ei brofiad o fyw gyda phlant y cefnog breintiedig wedi dyfnhau ei argyhoeddiad mai arall hollol oedd ei fyd ef? Ac onid trefn gwbl hierarchaidd oedd yn ganolog i fywyd y Coleg? Meddylier am berson ifanc o gefndir digon cyffredin yn cael ei gyfarch gan hen ŵr o *scout* yn y Coleg ('sgowt' fyddai'r person â gofal am anghenion dyddiol y myfyrwyr yno) gyda 'What can I get for you today, Sir?' Beth pe byddai'r myfyriwr ifanc o

Gymro wedi ei ateb, 'Please, Sir, do not call me "Sir". Where I come from I was taught to repect my elders. I should be calling you "Sir".' 'That's not allowed here, Sir. College regulations, Sir. You must call me "Bill".' Roedd, ac mae, Rhydychen mor wahanol i Gymru! Mae'r stori hon yn gwbl wir, nid, efallai, ym mhrofiad J.R., ond gwn ei bod yn hollol wir am Gymro bach arall aeth i Rydychen a sylweddoli'n o gyflym mai estron ydoedd yno!

Yma, yn Aberystwyth, hyd ei symud i Abertawe, roedd byd J.R. yn gymharol gyfforddus, er gwaethaf y ffaith i Brydain gyfan ddioddef dirwasgiad economaidd enfawr yn ystod y dauddegau ac, ymhen ychydig flynyddoedd, daeth rhyfel erchyll arall i'w ran. Ni ellid cael lle diogelach i fyw ar y pryd nag Aberystwyth. Yn wir, o un agwedd, cyfoethogwyd bywyd y Coleg yn Aber yn ystod y cyfnod hwn gan iddo dderbyn rhai darlithwyr o golegau prifysgolion Llundain a hynny, wrth gwrs, am fod y ddinas honno yn brif wrthrych targedau cyson y gelyn milwrol. Un a ddaeth yn eu plith i'r Adran Athroniaeth oedd John Macmurray, athronydd go enwog yn ei ddydd ac un a gafodd ddylanwad ar J.R.

Ond beth oedd ei syniadau athronyddol yn y cyfnod cynnar hwn? Empeirydd trwyadl ydoedd, ac ni allai fod yn wahanol! Pennaeth yr Adran Athroniaeth yn Aberystwyth oedd yr Athro R. I. Aaron, gŵr a enillodd enwogrwydd cyfled â'r byd athronyddol Seisnig, a hynny am ei lyfr godidog, a diffiniol ar y pryd, ar waith tad empeiriaeth Brydeinig, sef y Sais John Locke. Ystyr 'empeiriaeth' yw 'y gred mewn profiad', ac ystyr 'profiad' yma yw 'profiad synhwyrol'. Syniad sylfaenol Locke oedd mai drwy brofiadau synhwyrol, drwy'r pum synnwyr corfforol sydd gennym, y deuwn i wybod am y byd sydd o'n hamgylch. (Roedd y safbwynt hwn yn ymateb gan Locke i'r athroniaeth a ddaeth i fod ar gyfandir Ewrop yn yr un cyfnod, sef 'Rhesymoliaeth' – y gred mai'r meddwl ei hun yw ffynhonnell gwybodaeth ac y daw'r wybodaeth honno

yn sicrach na dim a ddaw drwy'r synhwyrau.) Hyd yma yn
ei yrfa academaidd roedd J.R. wedi ei drwytho yn yr ysgol
Brydeinig hon o athroniaeth, a gellir diddwytho'n glir o'i
draethawd D.Phil. nad oedd wedi symud yr un cam oddi wrth
ei empeiriaeth, er, mae'n siŵr iddo ddod ar draws rhychwant
helaethach o safbwyntiau athronyddol yn Rhydychen nag a
fyddai ar gael yn Aberystwyth.

Gellir cael prawf o'i ymlyniad at empeiriaeth yn ei gyhoeddiadau
academaidd cynnar yn y Gymraeg a'r Saesneg. Cyhoeddodd ei
erthygl gyntaf yn y Gymraeg, sef 'Sylwadau ar Broblem Natur
Hunan', yn rhifyn cyntaf oll *Efrydiau Athronyddol* yn 1938, erthygl
sydd yn adleisio prif thema ei draethawd D.Phil. Cyhoeddodd,
yn ystod ei yrfa, sylwadau ar y testun hwn tua naw o weithiau yn
Saesneg, a hynny yng nghylchgronau mwyaf dethol y pwnc, yn
ogystal ag mewn nifer o gylchgronau Cymraeg. Am y gwaith hwn,
ym myd athroniaeth y meddwl, yr enillodd J.R. enwogrwydd a
chlod iddo ei hun. Wrth gwrs, ymddengys y gwaith yn gwbl
estron, a hyd yn oed yn ffôl, i unrhyw berson sydd heb gefndir
athronyddol. Ond cyfyd y cwestiwn, 'Sut y gwn pwy ydwyf?' yn
syml o un o ragdybiaethau syniadau Descartes a Locke, sef mai
'ideau' yw dodrefn ein deall. Felly, sut y gellir gwybod bod yr
'ideau' hyn 'yn wir'? Hynny yw, a ydynt yn cynrychioli realiti
y tu hwnt, neu'r tu allan i'r meddwl? Ateb crefyddol sydd gan
Descartes. Duw sy'n rhoi'r ideau yn y meddwl, ac nid yw Duw
yn twyllo neb! Anos, os nad amhosibl, oedd i'r empeirwyr ateb y
cwestiwn, ac ymgodymir â'r cwestiwn o hyd gan rai athronwyr.
Ond efallai mai Hume sy'n gywir. Os derbynnir y rhagdybiaeth
sy'n sail i'r cwestiwn, ni ellir dod allan o'r pwll meddyliol a
grëwyd. Wittgenstein ddangosodd mai ffug yw'r rhagdybiaeth.
Ond nid oedd gwaith y Wittgenstein hwnnw wedi ei gyhoeddi
pan oedd J.R. yn ymgodymu â'r cwestiwn. Eddyf J.R. hyn yn
ei erthygl Saesneg olaf, 'How do I know who I am?' (1967) a'i
erthygl olaf ar y mater yn y Gymraeg, 'Yr Hunan a'r Hunan Arall'

yn *Efrydiau Athronyddol* 1969.

Ond tra oedd J.R. yn gryn feistr ar ei athroniaeth empeiraidd, yn sicr nid oedd yr athroniaeth yn cynganeddu'n hawdd gyda'r syniadau crefyddol hynny a goleddid ganddo yn gynnar yn ei fywyd. Oherwydd ymddengys gwrthdaro amlwg rhwng empeiriaeth bur a'r gred yn Nuw. Os mai drwy'r synhwyrau y deuwn i wybod am y byd, yna sut y gŵyr neb fod y Duw 'na welodd neb erioed' yn bod? (Nid oedd y cwestiwn hwn yn gymaint o broblem yn nyddiau Locke a'i gyfoeswr Syr Isaac Newton, dau Gristion llwyr ymroddedig i'w ffydd, a hynny am eu bod yn 'gweld' Duw yng ngodidowgrwydd y greadigaeth. Ond gyda threigl amser ac ymddangosiad athronwyr megis David Hume o'r Alban, chwalwyd y ddadl o 'weld' Duw drwy 'batrwm' y greadigaeth yn llwyr.) Felly, ymddengys, o dan bwysau ei empeiriaeth, i J.R. ddechrau colli ei ffydd. Ond tybed a oedd yna ffactorau eraill a'i dadrithiodd yn grefyddol?

Erbyn dechrau'r pedwardegau roedd Prydain yng nghanol yr Ail Ryfel Byd – dwy wlad ddemocrataidd, a honedig Gristnogol, eto benben â'i gilydd, a miloedd o ddinasyddion gwledydd Ewrop yn cael eu lladd a chenhedlaeth arall o bobl ifainc yn colli eu bywydau. Ai gwledydd Cristnogol oedd y rhain? A beth am y dirwasgiad economaidd a'r anghyfartaledd yn safon bywyd y lleiafrif cyfoethog a thrwch y boblogaeth? Ai gwladwriaeth Gristnogol oedd Prydain? Yn sicr, erbyn 1942, roedd J.R. wedi tyfu'n gyfan gwbl effro i'r anghyfartaledd yn safon byw ei gymdeithas, a dirnadodd y peth fel anghyfiawnder pur. Cysylltodd hyn nid yn gymaint ag addysg ragorach y breintiedig ond gyda'r gyfundrefn economaidd gyfalafol. Beirniadwyd hi yn llym ganddo wrth iddo ei deall yn nhermau'r ychydig cefnog yn godro ac ymelwa ar drwch llafur caled y werin niferus. Ei eiriau diffiniol am gyfalafiaeth oedd, 'gwneuthur mwyafrif poblogaeth gwlad yn iswasanaethgar i leiafrif breiniol'. Ond a welai achubiaeth o'r anghyfiawnder gorthrymus hwn? Uchod crybwyllwyd enw John

Macmurray. Ceir addefiad gan J.R. o ddylanwad yr athronydd hwn arno mewn erthygl a gyhoeddwyd yn 1943 yn y llyfryn *Credaf*. Ynddi honnir i Macmurray gredu mai 'Unig ffrwyth creadigol y Diwygiad Protestannaidd oedd gwyddoniaeth a'r ysbryd gwyddonol. Y mae gwyddoniaeth, felly, yn blentyn mudiad crefyddol mawr, a gellir olrhain ei hachau yn ôl at Iesu. Yn ei gwir ystyr, hi yw'r unig fynegiant dilys o Gristionogaeth a welodd y byd eto.' Datganiad rhyfeddol! A beth oedd yn canlyn o hyn i J.R.? Â rhagddo i sôn sut y rhyddhaodd y Dadeni Dysg y meddwl dynol o gaethiwed dogmâu, ac mai dyma'r trobwynt cyntaf yn hanes y meddwl Gorllewinol. 'A chredaf i ... mai'r trobwynt arall oedd y chwyldro a roes fod i'r Undeb Sofiet, Canys ... y peth pwysicaf am y gwareiddiad Sofiet yw mai gwareiddiad trwyadl wyddonol ydyw.' Tristach sylw ni ellir ei amgyffred! Wrth gwrs, ni wyddai J.R., na fawr neb arall, ar y pryd mai'r gost i werin bobl Rwsia am y chwyldro hwn oedd miliynau o fywydau wedi eu colli drwy ormes Stalin!

Un rheswm a roddir yn y dyfyniad uchod dros sôn am y chwyldro Sofietaidd mewn termau mor ddyrchafol oedd y syniad mai 'gwyddoniaeth' a 'barodd' y chwyldro. Ac yna, braidd yn annisgwyl, cysylltodd wyddoniaeth ag Iesu! Felly, mae cyfiawnhad crefyddol dros ddyrchafu gwyddoniaeth! Ymhen tua dwy flynedd yn ddiweddarach gwelwyd ffrwyth gwyddoniaeth ar ei waethaf yng nghyflafan Japan a'r bomiau atomig! O adnabod y J.R. annwyl, rwy'n siŵr ei fod yn wirioneddol edifar am y sylwadau hyn. Yr unig reswm y sonnir amdanynt yma yw er dangos yn o glir sut y crwydrodd J.R. o'r grefydd Gristnogol a choleddu Marcsiaeth.

Wrth gwrs, nid oedd J.R. yn unigryw yn ei farn ynglŷn ag athroniaeth Marx. Yn cyfoesi â J.R. yn Adran Athroniaeth Aberystwyth roedd Cymro Cymraeg arall (a oedd yn hynod o debyg i J.R. o ran ei anian a'i gefndir) o Dyddewi, sef W. J. Rees. Yn ystod ei dair blynedd yn Aber fel darlithydd cynorthwyol,

cyfieithodd W.J. y *Maniffesto Comiwnyddol* i'r Gymraeg. Wn i
ddim a oedd yr Athro Aaron wedi ofni y byddai ei adran yn
dod yn enwog am ei Chomiwnyddion, ond rhyddhawyd W.J.
o'i ddyletswyddau ar ôl ei dair blynedd gyntaf! Beth bynnag,
llwyddodd y Cymro hwn hefyd yn ei faes. Cyn diwedd ei waith
ym Mhrifysgol Leeds, dyrchafwyd ef i fod yn uwch ddarlithydd
a deon y Celfyddydau. Ac nid dyma'r unig gymhariaeth sydd
rhyngddo â J.R. Magwyd W.J. mewn tlodi mawr ac nid oedd
fawr o obaith iddo gael addysg brifysgol o gwbl. Pwy felly a'i
cynorthwyodd? Neb llai na'i athro Saesneg yn Ysgol Ramadeg
Abergwaun, sef yr enwog genedlaetholwr D. J. Williams, awdur
Hen Dŷ Ffarm ac *Yn Chwech ar Hugain Oed*.

Wn i ddim beth fyddai ymateb naill ai J.R. na W.J. i'r
honiad a wnaethpwyd unwaith gan Marx mai 'Anffyddiaeth yw
sylfaen comiwnyddiaeth, o'r ddamcaniaeth a'r arfer o sosialaeth
wyddonol.' Ni honnodd y naill na'r llall eu bod yn anffyddwyr
rhonc. Yn wir, roedd W.J. yn addolwr cyson a chefais yr
anrhydedd, ar alwad ei deulu, i weinyddu yn ei gynhebrwng a
thalu'r deyrnged olaf iddo fel person Cristnogol o garedig.

Yn 1952 olynodd J.R. yr Athro Heath i gadair Athroniaeth
Abertawe. Roedd J.R. yn hollol haeddu'r gadair. Ond, yn fy
marn i, fel yr honnwyd uchod, dyma'r trobwynt tristaf yn ei
fywyd. Paham? Yn gyntaf symudodd o adran a oedd, diolch i'r
Athro Aaron, bron yn gyfan gwbl Gymraeg, a symud i adran
lle nad oedd yr un Cymro'n dysgu nes i Dewi Z. Phillips
ddychwelyd yno yn niwedd y chwedegau. Mae'r ail reswm yn un
llawer mwy difrifol. Yn yr un flwyddyn ag y cyrhaeddodd J.R.
Abertawe, cyhoeddwyd, am y tro cyntaf, ail waith Wittgenstein,
sef *Philosophical Investigations*. Ond yn yr adran, ers blynyddoedd
maith, roedd un o athronwyr mwyaf y cyfnod sef, Rush Rhees.
Dyma'r gŵr y dywedodd Wittgenstein amdano mai ef oedd
y meddyliwr praffaf iddo ddod ar ei draws erioed! Bu farw
Wittgenstein yn 1950 ac ymddiriedodd ei waith i'w gyhoeddi i

dri pherson. Bûm yn eithriadol o ffodus i gael eistedd wrth draed dau o'r tri hyn am gyfanswm o dros chwe blynedd. O'r cyfnod pan oedd Rhees yn fyfyriwr i Wittgenstein yng Nghaer-grawnt, bu perthynas agos rhyngddynt. Yn ystod yr Ail Ryfel Byd, teithiai Wittgenstein yn rheolaidd i Abertawe er mwyn cael 'trafodaethau' gyda Rhees. (Dyma'r rheswm y daeth Wittgenstein yn enwog yn ardal Y Tymbl, lle arhosai'n gyson gyda theulu'r Morganiaid, ac, yn ogystal, yn Nantgaredig, yng nghartref y diweddar Barchedig Eirian Davies.) Gellir dadlau mai'r *Investigations* yw'r llyfr mwyaf chwyldroadol yn hanes athroniaeth y Gorllewin. Pan ddaeth J.R. yno felly, ni allai fod yn gwybod dim am waith Wittgenstein (heblaw am ei waith cynharach, sef *Y Tractatus*, a gyhoeddwyd yn 1921).

Yn wir, *Y Tractatus* oedd yn bennaf gyfrifol am fodolaeth y cylch hwnnw a enwid ar y dechrau yn 'Gylch Fiena' ac yn ddiweddarach yn 'Y Positifiaid Rhesymegol'. Daeth hwn yn fudiad grymus ym Mhrydain o dan ddylanwad llyfryn yr Athro A. J. Ayer, *Language, Truth and Logic* (1936). Athroniaeth y mudiad oedd mai'r gosodiadau y gellir eu gwirio (Ayer), neu eu hanwirio (K. Popper, yn ddiweddarach), *drwy ddulliau gwyddonol* yw'r unig osodiadau sy'n ystyrlon. Felly, ni all gosodiadau crefyddol, er enghraifft, *ddweud* dim. Nid yw gosodiadau o'r fath ond ebychiadau emosiynol. Dyma ddyrchafiad athronyddol pellach i wyddoniaeth a'i methodoleg ac roedd J.R. yn un o'r cyntaf a mwyaf brwdfrydig yng Nghymru i goleddu'r safbwynt. Ceir prawf pendant o hyn yn ei ddarlith agoriadol i'r gadair yn Abertawe, darlith sy'n dwyn y teitl 'Religion as True Myth'. Ond gellir gofyn y cwestiwn, 'Beth ddaeth o Farcsiaeth J.R.?' Oherwydd, ar sail yr egwyddor gwireddu/anwireddu gwyddonol yr oedd ef bellach yn ei chofleidio, mae pob gosodiad metaffisegol, fel un o acsiomau Marx – mater, a mater yn unig, sy'n bod – hefyd yn gwbl ddiystyr!

Roedd dau ddarlithydd arall yn yr adran, heblaw Rhees, a

oedd wedi eu penodi fel cyn-fyfyrwyr o Rydychen gan yr Athro Heath. Eu henwau oedd Roy Holland a Peter Winch. Eisoes, roedd y ddau yma wedi dod dan ddylanwad Rhees, a diau iddynt gael trafodaethau gydag ef ar ail waith Wittgenstein am beth amser cyn i'r gwaith gael ei gyhoeddi. Felly, o Aberystwyth lle roedd J.R. yn hollol gyfforddus ar y lefel intelectol, taflwyd ef i ffau llewod y chwyldro athronyddol oedd ar gerdded yn Abertawe. Roedd y tri chyd-weithiwr iddo yn arbennig o alluog ac yn ymosodol ar y math o athroniaeth a goleddwyd gan J.R. gydol ei fywyd. Roedd Rhees, yn ogystal, wedi sefydlu yn yr adran, yn nyddiau Heath, yr hyn a elwid yn 'Phil. Soc.' Cyfarfyddai hon yn wythnosol bob nos Iau yn ystod y tymor rhwng 3.30 p.m. a 5.30 p.m. Darllenid papurau athronyddol gan y staff yn eu tro, a myfyrwyr anrhydedd yn eu trydedd a'u pedwaredd flwyddyn. Yn aml, byddai'r trafodaethau yn anodd a thanllyd. Nid oedd yn lle cyfforddus i neb ond i Rhees ei hun! Mynychais y cyfarfodydd hyn am dair blynedd heb golli'r un. A'r peth tristaf oll oedd gweld yr Athro druan, a'i ben yn ei ddwylo rhwng ei goesau, bron heb ynganu'r un gair o'i enau, a hynny o un cyfarfod i'r llall. Roedd yr athroniaeth newydd mor ddieithr iddo fel yr ofnai agor ei ben!

Beth oedd effaith hyn ar yr annwyl Athro? Os edrychir yn fanwl ar restr ei gyhoeddiadau, gwelir iddo gyhoeddi mewn tair blynedd (1949–51) yn y cylchgronau athronyddol safonol Seisnig megis *Mind, Philosophy, Philosophical Studies, Analysis* ac ati, gyfanswm o wyth papur. Ar ôl cyrraedd Abertawe ac yn ystod gweddill ei amser yno (o 1952 hyd 1970) ni chyhoeddodd ond pedwar papur ar y lefel uchaf un – a'r ddau gyntaf o'r pedwar hyn, mi dybiaf, wedi eu paratoi cyn iddo ddod i Abertawe gan iddynt gael eu sylfaenu ar ei empeiriaeth bur.

Mae gennyf y cydymdeimlad dyfnaf â J.R. Am y tair blynedd ar ddeg yn Aberystwyth bu'n feistr ar ei athroniaeth empeiraidd. Yn Abertawe, nid oedd y fath safbwynt yn athronyddol gymeradwy o gwbl – yn wir, ystyrid y safbwynt yn gwbl anghywir! Diau i'r profiad fod yn hunllef iddo – gorfod ailddysgu athroniaeth gan geisio gwaredu o'i feddwl ei holl ragdybiaethau blaenorol. Er mawr glod iddo, llwyddodd i wneud hynny. Ond bu'n broses araf ac anodd.

Ar y llaw arall, ni wnaeth y newid hwn amharu o gwbl ar ei waith yn dysgu israddedigion. Yn y flwyddyn gyntaf, lle roedd tua hanner cant o fyfyrwyr yn bresennol, dysgai, gyda llwyddiant rhyfeddol, resymeg sylogistig Aristoteles. Ac yn y ddwy flynedd nesaf, dysgai, mor wych, hanes athroniaeth fodern – blwyddyn ar y Rhesymolwyr Cyfandirol a blwyddyn ar yr Empeirwyr Prydeinig. Yn y gwaith yma, nid oedd gwell na J.R. i'w gael. Cyflwynai'r cyfan o'r meysydd hyn gyda graen a thrylwyredd dihafal! Efallai mai ei unig wendid oedd nad ymgorfforodd feirniadaeth Wittgensteinaidd ar y Rhesymolwyr na'r Empeirwyr. Efallai fod y fath feirniadaeth yn gwbl annheg ac yn gofyn llawer gormod oddi wrth yr Athro. Yn y flwyddyn olaf, y bedwaredd i fyfyrwyr anrhydedd, dysgai athroniaeth crefydd, fel arfer, i un neu ddau o fyfyrwyr.

Pan oeddwn ar fy nhrydedd flwyddyn (1960–1) roedd J.R. ar flwyddyn sabothol ac yn ymweld â dwy brifysgol yn yr Unol Daleithiau. Roedd rhyw Saesnes o fyfyrwraig yn ei hail flwyddyn yn Abertawe am astudio athroniaeth crefydd fel pwnc atodol. Nid oedd gan na Winch na Holland ddiddordeb dysgu'r pwnc. Felly, bu'n rhaid i Rhees, fel pennaeth yr adran dros dro, lanw'r bwlch. Ar ddechrau tymor yr hydref daeth ataf gan ofyn i mi a fyddwn mor garedig â chadw cwmni iddo ef a'r fyfyrwraig ifanc yr oedd am ei dysgu yn ei ystafell ei hun. Wrth gwrs, roeddwn wrth fy modd â'r gwahoddiad. Ac felly cefais yr anrhydedd o wrando ar Rhees yn darlithio ar bwnc am yr unig dro y gwnaeth hynny. Roedd yn agoriad llygad. Flwyddyn yn ddiweddarach roedd yr Athro yn ei ôl o'r Unol Daleithiau ac ymunais â'i ddosbarth ef ar athroniaeth crefydd. Ni allai'r gwrthgyferbyniad rhyngddo ef a Rhees fod yn fwy! Roedd hanner cwrs J.R. yn delio ag esboniadau 'gwyddonol o grefydd', megis esboniadau anthropolegol, seicolegol, cymdeithasegol ac yn y blaen. Y flwyddyn cynt roeddwn wedi dysgu gan Rhees fod y fath ddamcaniaethau, honedig wyddonol, yn hollol resymegol ddifethol i grefydd, oherwydd gwyrdroir gosodiadau crefyddol eu natur i dermau cwbl wahanol. Hynny yw, dryswch llwyr yw'r ymgais i ddeall iaith crefydd mewn termau y tu allan i grefydd.

Fy nghasgliad yw hyn. Bu'r ddeng mlynedd gyntaf i J.R. yn Abertawe yn hunllef. Ers y pedwardegau cynnar roedd wedi coleddu gwyddonyddiaeth (*scientism*) gan gofleidio'n eu tro Farcsiaeth a Phositifiaeth Resymegol. Credaf ei bod yn dilyn o hyn mai bron yn amhosibl ydoedd iddo adfer ei ffydd mewn unrhyw fath o uniongrededd Cristnogol. Ar ei orau, ni ellir dweud mwy na mai rhyw ddyneiddiaeth ag arlliw o'i ddeongliadau gwyrdroëdig o Gristnogaeth oedd ganddo. Ni fedrodd ei ryddhau ei hun yn llwyr o'i empeiriaeth ac fe'i cafodd ei hun yn nhir neb! Dyma, mi gredaf, sydd y tu ôl i'w barodrwydd i fabwysiadu nifer o wahanol ddeongliadau o Gristnogaeth a dyfodd yn ffasiynol yn ei ddydd. Cydiai mewn unrhyw gangen o safbwyntiau diwinyddol a fyddai'n ffasiynol ac y gellid ei defnyddio i ategu neu gefnogi ei ddehongliad ef ei hun. Diau mai'r dylanwad parhaol pennaf arno oedd Schweitzer a'r elfen hanesyddol ddofn honno o bwysigrwydd yr ewyllys dynol ym mywydau dynion. (O syniadau moesegol Kant ymlaen hyd Nietzsche a'i 'ddyn cryf', ceir yr elfen hon am ganolrwydd yr ewyllys yn rhedeg fel llinyn coch drwy holl weithiau'r athronwyr Ellmynaidd ac mae ar ei orau yn Schweitzer ac ar ei waethaf yn Hitler.) Yn ddiwinyddol, mae safbwynt Schweitzer yn gwbl annerbyniol gan iddo gasglu mai penboethyn oedd y dyn Iesu a geisiodd 'orfodi' dyfodiad teyrnas Dduw drwy farw ar groes! Ac fe gredodd J.R. hynny hefyd! Ac nid Schweitzer oedd yr unig arwr crefyddol a fabwysiadwyd gan J.R. Yn ei dro bu'n edmygwr o'r Wittgenstein cynnar fel tad (honedig, ond yn gwbl anghywir felly yn fy marn i) y Poisitifiaid Rhesymegol, Tillich (gŵr digon pechadurus ei fuchedd yn ôl hunanfywgraffiad ei wraig) a Simone Weil (santes o ferch er iddi wadu rhai pethau sylfaenol yn y ffydd Gristnogol).

Mae elfen gref o'r athroniaeth Ellmynaidd hon nid yn unig yn effeithio ar grefydd J.R. ond yn effeithio cyn gryfed ar ei athroniaeth wleidyddol yn ogystal. Fe'i defnyddir, er enghraifft, yn yr esboniad a geir ganddo o rym yr ewyllys dynol yn ei bregeth 'I ti y perthyn ei ollwng' a'i bamffled gwleidyddol *A Raid i'r Iaith ein Gwahanu?* Ond, i mi, o safbwynt Wittgensteinaidd, mae yma ddryswch syniadol sylfaenol. Ceir yma gymysgu rhwng gosodiadau crefyddol a gosodiadau gwleidyddol, ac esgora hyn ar gamddefnydd o'r testun crefyddol. Gallech feddwl mai ar sail ei ewyllys ei hun y gwnaeth Jeremeia y weithred ymddangosiadol orffwyll o brynu tir ei ewythr a oedd 'eisoes dan draed y gelyn' Babilonaidd. Yr unig beth a wna weithred Jeremeia yn ystyrlon yw ei ffydd ddi-syfl yn ei Dduw. Heb y ffydd hon, cwbl anystyrlon yw'r weithred. A ellir, felly, symud yn rhesymegol o gyd-destun ffydd o'r fath i gyd-destun gwleidyddol er cyfiawnhau gweithredoedd yng Nghymru ar sail ffydd yng nghryfder yr ewyllys dynol yn unig? Ni chredaf hynny o gwbl.

Yn yr un modd yn *Ac Onide*, nid oes sôn am 'bresenoldeb Duw' gyda'r tri llanc yn y ffwrn dân! Hyd yn oed pe credid mai stori ydyw am 'ffwrn dân' dioddefaint yr Iddewon yn nyddiau'r 'Hitler' hwnnw (a'i enw Antiochus Epiphanes, brenin Groegaidd y Seliwciaid yn yr ail ganrif C.C.) a geisiodd ddifa'r genedl yn llwyr, a ellid deall hyn yn nhermau'r ewyllys dynol i oroesi? Yn sicr, argyhoeddiad yr Iddew yw mai Duw a'i gwaredodd (drwy law Jwdas Macabews) nid ewyllys dynion. Gorchfygu drwy ffydd yw neges y Beibl drwyddo draw. Yn wir, yn holl ysgrifennu crefyddol J.R., mae'n anodd peidio canfod elfennau cwbl ddieithr i ffydd y tadau Cristnogol – hyd at hepgor Duw trosgynnol yn gyfan gwbl. Hyd yn oed yn ei bregeth orau (o bell ffordd yn fy marn i) sef 'Love as Perception of Meaning' (teitl a roddwyd iddi gan D. Z. Phillips pan ailgyhoeddwyd hi yn ei lyfr *Religion and Understanding* (1967)). Y testun gwreiddiol oedd adnodau olaf pennod Paul ar gariad (1 Cor. 13). Ceir amwysedd eithriadol ynddi am iddo fethu pwysleisio mai sôn am nodweddion *agape* (cariad dwyfol) y mae Paul ac nid am unrhyw fath o gariad dynol. Mae hyn yn arwain yn anochel at gasgliad cwbl afreal, sef y gall dynion faddau pob dim i'w gelynion hyd yn oed pe croesholid hwy ganddynt. Ni all dyn wneud dim o'r fath heb ras, ac os gwelir y fath ras yn cael ei ddangos at gyd-ddyn, Duw a'i galluogodd i wneud hynny.

Mae ffactor arall y mae'n werth ei grybwyll. Tanlinellwyd eisoes pa mor ddwfn y dylanwadodd 'y method gwyddonol' ar feddwl J.R. Dyma'n rhannol oedd ei reswm dros goleddu Marcsiaeth, yn ogystal â mabwysiadu'n ddiweddarach Bositifiaeth Resymegol fel athroniaeth. Ond yn ystod ei amser yn Abertawe, cyhoeddodd Winch lyfr a ddaeth â sylw mawr iddo. Teitl y llyfr oedd *The Idea of a Social Science*. Ynddo dadleuodd os mai'r un ystyr sydd i 'wyddoniaeth' yn y cyd-destun cymdeithasegol ag sydd iddo yn y gwyddorau naturiol, yna camarweiniol yw sôn am 'wyddoniaeth cymdeithas', gan nad anifeiliaid o greaduriaid yw pobl ond defnyddwyr iaith ddynol. Yr hyn sydd y tu ôl i'r cysyniadau hyn yw'r ffaith y gellir deall y cyfan o'r byd materol a byd anifeiliaid yn nhermau achosion a'u heffeithiau. Mae cysylltiad rhesymegol rhwng y cysyniad o 'achos' a'r cysyniad o 'effaith'. Dyma'r cysylltiad sy'n ein galluogi i ragweld canlyniadau achosion o ran eu heffeithiau. Dyma sut y deallwn reoleidd-dra'r byd naturiol. Dyma gysyniadau gwyddoniaeth naturiol. Wrth gwrs, i'r graddau yr ydym yn fodau corfforol mae gwyddoniaeth o'r fath yn hanfodol i'w deall. Gwyddom am effeithiau pob math o achosion arnom, gan gynnwys ar ein meddyliau. Ond, mae gwahaniaeth rhwng adroddiadau o'r fath a rhoi *rheswm* am ein gweithredoedd. Yn ein hiaith bob dydd, byddwn yn aml yn defnyddio'r termau 'achos' a 'rheswm' fel pe baent yn gyfystyr. Er enghraifft, gofynnir yn aml, 'Beth yw'r rheswm dros yr holl law hyn?' Yr hyn a olygir yw 'Beth yw'r achos am yr holl law?' Nid yw fel y rhesymau sydd gan berson am ysgaru ei wraig, er enghraifft. Gallwn bwyso a mesur *gwerth* y rhesymau a'u gweld fel rhesymau digonol neu annigonol. Gall person newid ei feddwl am yr hyn a fwriadodd. Gall gael ei berswadio i weithredu'n wahanol. Yma, rhesymau ynglŷn â gwerthoedd sydd yn y fantol ac nid achos ac effaith, megis yn y byd gwyddonol. Nid fel ymosodiad ar J.R., wrth gwrs, y bwriadodd Winch ei lyfr. Nid dyna ysbryd y bonheddwr hwnnw o athronydd. Ond dyma lyfr a oedd yn ymosodiad treiddgar ar unrhyw athroniaeth a ddyrchafai wyddoniaeth i fod yn hollgynhwysfawr − naill ai fel mewn Marcsiaeth neu mewn Positifiaeth. Mae yna derfyn rhesymegol i esboniadau gwyddonol.

O'r chwedegau cynnar ymlaen ymddengys i mi i J.R. gefnu ar ei waith athronyddol difrifol. O hyn allan, trodd fwyfwy at yr hyn a'i hysbrydolai, sef Cymdeithas yr Iaith Gymraeg. Gwn iddo roi cefnogaeth lwyr − er, mwy yn ddirgel nag yn gyhoeddus − i'r mudiad. Fel y'i hysbrydolwyd, ysbrydolodd eraill − ac am hyn y mae'r diolch pennaf iddo. Eithr, wrth iddo roi mynegiant i ddyfnder ei deimlad o gariad at ei wlad a'i phobl, collodd ryw gymaint o reolaeth ar oerni dideimlad, diduedd y ddisgyblaeth athronyddol. Gwelwyd rhai o gamgymeriadau'r hen fyd athronyddol yn ailymddangos yn ei waith, megis y bai hollbresennol hwnnw o hanfodiaeth resymegol (*logical essentialism*). O'r Groegiaid ymlaen dyma un o brif nodweddion athroniaeth, sef ceisio rhoi diffiniadau hollgynhwysfawr o gynifer o gysyniadau creiddiol athroniaeth, cysyniadau megis 'gwybodaeth', 'credu', 'deall' 'gwirionedd' ac ati. Ymddangosai hyn fel pe bai ystyr y cysyniadau yn aros yr un ym mhob cyd-destun, yn ogystal â phob treigl amser. Canlyniad hyn oedd dryswch pur ar ffurf cyfundrefnau metaffisegol. Yng ngweithiau gwleidyddol J.R. gwelir iddo syrthio i'r bai hwn yn ei ymgais i ddiffinio, dyweder, y cysyniad sy'n waelodol yn ei waith, sef 'cenedl'. Yn ei ddadansoddiad o genedl mynna fod ynddi 'gydymdreiddio pobl a thir ac iaith'. Anogaeth Wittgenstein wrth feirniadu ei waith cynnar ef ei hun, *Y Tractatus* (a heb fod yn ymwybodol o ba mor bellgyrhaeddol oedd hynny i hanes athroniaeth gan ei fod yn gymharol anwybodus ohono), oedd osgoi diffiniadau o'r fath, ac eithrio mewn rhai meysydd lle mae hynny'n dechnegol ofynnol, megis y gyfraith a rhai gwyddorau. Yn hytrach, dylid talu sylw i'r gwahanol ddefnydd a wneir o gysyniadau mewn gwahanol gyd-destunau (yn enwedig yng nghyd-destun gweithgareddau gwahanol gan mai ar y defnydd o'r cysyniad y dibynna ei ystyr.) Felly, parthed cysyniad fel 'cenedl', gofynnir y cwestiwn, 'Faint o enghreifftiau y gellir eu nodi nad ydynt yn cydymffurfio â'r diffiniad a roddir?' A gwelir eithriadau ddigon. Efallai fod diffiniad J.R. o Gymry a Chymru'n gywir. Yn ei ffurfiant, mae'n hollol gywir i weld pwysigrwydd y tri ffactor o dir, pobl ac iaith. Ond nid yw'n dilyn o hyn os cyll cenedl un neu ddau o'r ffactorau hyn ei bod yn peidio â bod yn genedl! Mae un enghraifft yn gwbl gyfarwydd i bawb. Pobl a gollodd eu hiaith a'u tir, ond a gadwodd eu hunaniaeth yw'r Iddewon. Colli'r Hebraeg (ac eithrio yn y Synagog) a byw drwy'r Aramaeg; collasant eu tir am yn agos i ddwy fil o flynyddoedd, ond parhasant fel cenedl heb wladwriaeth dros gannoedd o flynyddoedd! Ond mae digon o enghreifftiau symlach wrth ein drws. Meddylier am lwyddiant gwleidyddol yr Alban: collwyd ei hiaith ers canrifoedd, a bu heb ei gwladwriaeth ei hun ers dros ddwy ganrif. Eto, mae'n genedl gref. A beth am y Gwyddelod ar y naill law a'r Swistir ar y llaw arall? Yn yr achos cyntaf, collodd y Gwyddelod yr iaith i raddau helaeth ac adenillasant eu sofraniaeth − o leiaf ar ran o'r diriogaeth. Yn yr ail enghraifft, dyma bobl heb eu hiaith eu hunain gyda thair iaith yn ieithoedd mabwysiedig. Cytunaf fod sofraniaeth ar diriogaeth, bron ymhob achos, yn waelodol

– ac eithriad eithriadol yw hyn yn achos yr Iddew. Gall colli sofraniaeth ar y tir fod yn dyngedfennol farwol i genedl, ond er i ni Gymry golli hyn ers canrifoedd rydym yma o hyd. Ond oni adferir i Gymru yr un mesur o iawnder ar ein tiriogaeth ag a fedd y Sais ar ei dir, gall ddinistrio *gwerth* ein cenedligrwydd. Mater arall yw hynny. Ond cwestiwn Simone Weil yn y cyddestun hwn yw 'Beth yw gwerth achub cenedligrwydd?' Onid oes ganddo gyfraniad unigryw i ddiwylliant dynoliaeth, cyll y rheswm dros ei fodolaeth. Yn yr iaith y mae ein cyfoeth unigryw – a thragwyddol fyddo ei pharhad.

Eithr mae i'r iaith fygythiad mwy dwfn ac anweledig. Cyfyd yr ofn o'r hyn sy'n waelodol yn athroniaeth Wittgenstein. Cysyllta'n rhesymegol ystyr iaith ag ystyr y gweithgareddau y defnyddir yr iaith ynddynt. (Ac ymhellach, ystyr y gweithgareddau a'u rôl yw'r ystyr sy'n ein bywydau.) Mae llinell ddi-dor rhwng ystyr iaith ac ystyr bywyd. Y broblem fygythiol yw'r datblygiadau technegol bydeang sy'n cyflym greu byd unfath ei weithgareddau ymhobman. Canlyniad hyn yw y gellir mynegi, ymhen amser, bob dim mewn un iaith gyffredin ac y gellir hepgor yr ieithoedd brodorol. A ydyw hyn yn gwbl anochel? Er gwaethed yr ymddengys y rhagolygon hyn, sôn yr ydym wrth gwrs am y bywyd materol. Tybed nad unig obaith y Gymraeg yw adferiad llwyr ei thraddodiad ysbrydol? Oni honnodd y sant hwnnw o brifardd, sef Rhys Nicolas, mai angen mwyaf Cymru yw adfywiad ysbrydol?

Dolur dwfn diffyg ystyr: J. R. Jones a chrefydd[1]

Robert Pope

YN ÔL TYSTIOLAETH y sawl a ddysgodd eu hathroniaeth wrth draed J. R. Jones, ganddo ef yr oedd 'y meddwl miniocaf' o brif athronwyr Cymru ei gyfnod, gan gynnwys mawrion fel R. I. Aaron a Hywel D. Lewis,[2] tra mai 'gonestrwydd a gallu meddyliol yw'r hyn a'i nododd'.[3] Er bod ei ddiddordebau yn eang, a'r cof amdano fel un o arloeswyr mudiad cenedlaethol y chwedegau wedi ei ddiogelu, efallai mai ei fyfyrdodau am grefydd, yn arbennig ei honiad am 'yr argyfwng gwacter ystyr', sydd fwyaf cysylltiedig â'i enw. Ac eto, yn ôl Walford Gealy, 'newidiodd J.R. ei feddwl fwy nag unwaith … ar faterion crefyddol',[4] a hynny am i'r ffasiynau athronyddol newid yn ddirfawr yn ystod ei yrfa, o'r Empeiriaeth Brydeinig a'r Bositifiaeth Resymegol y magwyd ef ynddynt i'r athroniaeth newydd a gysylltwyd yn bennaf ag enw Ludwig Wittgenstein a oedd mewn bri ym Mhrifysgol Abertawe, lle bu o 1953 yn Athro ac yn bennaeth yr Adran Athroniaeth. Er i Dewi Z. Phillips, ei olynydd yng nghadair Athroniaeth Abertawe, haeru bod J. R. Jones wedi newid ei feddwl yn y cyfnod hwn, ac iddo ddatblygu dull Wittgensteinaidd o athronyddu,[5] honiad eglur Walford Gealy yw bod Jones wedi methu dygymod â'r newidiadau hynny. O ganlyniad, gwelodd yr her i'w safbwynt ar 'grefydd' ond ni lwyddodd i ymateb iddi oherwydd na

31

theimlodd y gallai roi'r gorau'n llwyr i'r hen sustemau a fabwysiadodd pan oedd yn fyfyriwr yn Aberystwyth yn y tridegau.

Ond ai newid meddwl yn unig a welir yn ei waith? I raddau, gellir dirnad elfen gymysglyd yn ei driniaeth o 'grefydd' sydd yn codi o'r ffaith iddo fod yn aml yn llac yn ei ddefnydd o dermau. Er enghraifft, cysylltodd Jones 'grefydd' â'r cyfundrefnau athrawiaethol a'r dogmâu yr oedd rhai (yn ei dyb ef) yn eu hystyried yn osodiadau llythrennol, digamsyniol ac absoliwt o'r gwirionedd dwyfol. Yn yr ystyr hwn, mynnai ei bod hi ar ben ar grefydd. Ond wrth iddo drafod y mater yn Rali Dosbarthiadau Allanol Bangor yn 1963, haerodd hefyd fod 'Cristnogaeth' yn cynrychioli rhywbeth amgenach na 'chrefydd', a rhywbeth mwy 'cyfriniol' megis na'r gred draddodiadol yn yr Iawn, Prynedigaeth a maddeuant pechodau. O ganlyniad, nid yw'r dydd 'ond megis gwawrio ar Gristnogaeth',[6] meddai, er mai Cristnogaeth 'ddigrefydd', chwedl Bonhoeffer, fyddai'r ffenomen newydd hon, mae'n debyg.

Ymhen pedair blynedd, fodd bynnag, yn 1967, cyfeiriodd at Gristnogaeth fel *mynegiant o grefydd*, a thueddai erbyn hynny i gysylltu Cristnogaeth â'r dehongliad llythrennol o'i dogmâu: 'Credaf ... fod dydd llythrenoldeb metaffisegol mewn crefydd ar ben.'[7] Yn hynny o beth, nid oedd yn dweud dim byd gwahanol i'r hyn a ysgrifennodd ar ddechrau'r degawd. Ond y tro hwn, gallai honni bod y 'canolfuriau rhwng y crefyddau datblygedig â'i gilydd wedi cwympo', gyda phob un ohonynt yn taflu goleuni 'ar ddyfnder ystyr bodolaeth'. Nid dyrchafu Cristnogaeth – hyd yn oed Cristnogaeth ddigrefydd – oedd y nod, felly, ond rhyddhau hanfod crefydd o'r mynegiannau dogmatig ohono. O ganlyniad, prif angen crefyddol y cyfnod oedd sicrhau 'croesffrwythloni creadigol' rhwng y crefyddau gyda phob un ohonynt yn cyfrannu ei 'ganfyddiad creiddiol' at y cyfan. Prif ganfyddiad Cristnogaeth, meddai, oedd 'that Being has the character of grace', a mynegir hyn, yn nhyb J. R. Jones, drwy'r ddysgeidiaeth mai 'Duw cariad yw'.[8]

Mae'n amlwg o'r dyfyniadau hyn fod eu hawdur wedi gwneud mwy na 'newid ei feddwl' wrth drafod y pwnc hwn. Erbyn 1967 roedd J. R. Jones wedi dod i arddel y syniad fod 'crefydd' yn brofiad o hanfod bodolaeth, a'r 'crefyddau' yn fynegiannau penodol o'r profiad cyffredinol hwnnw. Gellid dirnad yn y sylwadau hyn, yn ôl Glyn Richards, '[d]dylanwad syniadau camarweiniol braidd am grefydd ac anwybodaeth neu annealltwriaeth o wir natur crefyddau'r byd'.[9] Hynny yw, roedd Jones yn gwthio undod ffug ar gyfundrefnau crefyddol a oedd yn sylfaenol anghydnaws â'i gilydd. Ar ben hyn, rhaid codi cwestiwn arall. Beth yw ystyr 'llythrenoldeb metaffisegol'? Er mai Cristnogion ceidwadol sydd dan yr ordd ganddo yn y sylwadau hyn (fwyaf tebyg), am iddynt arddel y syniad am anffaeledigrwydd yr ysgrythurau, mae'n amlwg fod J. R. Jones yn credu bod yr Eglwys ar hyd y canrifoedd wedi arddel syniadau diddychymyg, prennaidd a di-syfl am yr athrawiaethau Cristnogol sylfaenol. Y gwir, fodd bynnag, yw bod traddodiad o ddehongli damhegol neu drosiadol wedi bod yn gymeradwy, ac yn aml iawn wedi ffynnu, yn yr Eglwys ers cyfnod Origen (c.185–254) yn yr ail ganrif o leiaf. Mae anawsterau sylfaenol, felly, yn agwedd J. R. Jones tuag at grefydd, a gellir awgrymu mai'r rheswm am hyn yw na wyddai am soffistigeiddrwydd y dadleuon clasurol mewn naill ai diwinyddiaeth neu astudiaethau crefyddol a fu'n rhan o'r ddisgyblaeth ar hyd y blynyddoedd. Na wyddai, fe ymddengys, nemor ddim am natur gynnil, amlhaenog a chymhleth y trafodaethau clasurol yn y materion hyn, ac iddo drin yr 'argyfwng gwacter ystyr' fel petai ef oedd yr un cyntaf erioed i ystyried y cwestiynau anodd, creiddiol a phwysig a oedd yn ymhlyg yn yr argyfwng honedig hwnnw.

Mae angen nodi ffactor arall er mwyn deall safbwynt J. R. Jones tuag at grefydd. O'r pumdegau ymlaen, mae'n amlwg iddo gael ei gyfareddu gan ddadl Paul Tillich nad 'un bod ymhlith y bodau' oedd Duw ond *bodolaeth* ei hun. A phen draw hyn oedd bod angen 'chwyldroi' Cristnogaeth er mwyn dileu pwysigrwydd dogma a pherswadio pobl nad gosodiadau gwyddonol oedd yr athrawiaethau tra hefyd yn codi'r ymwybyddiaeth fod i fywyd 'ystyr'. Cysylltodd hyn yn bennaf â'r syniad fod yr unigolyn yn cael ei feddiannu gan *fodolaeth*, a thrwy hynny yn dod i feddu ar ystyr a phwrpas i'w fywyd. Er i Jones ddatgan mai 'un o gewri cyfoes y meddwl Protestannaidd' oedd Tillich,[10] dehongliad arwynebol braidd sydd ganddo o'i waith. Y gwir yw nad oedd Tillich agos mor ddibris o ddogma ag oedd J. R. Jones ei hun.[11] Mae'n amlwg, felly, nad oedd y Cymro yn gwneud unrhyw gyfiawnder o gwbl â chynildeb meddwl Tillich ar y materion hyn, ond yn hytrach yn tynnu ar sloganau er mwyn hyrwyddo ei safbwynt crefyddol ei hun.

Wedi nodi'r ffactorau rhagbaratoawl hyn, gellir symud ymlaen i drafod syniadau J. R. Jones am grefydd (Adran I) cyn cynnig sylwadau beirniadol arnynt (Adran II). Gwneir hyn, i ddechrau, o dan dri phennawd, sef:

1. Bod *crefydd* yn amgenach na'r dogmâu y mae'r *crefyddau* yn eu harddel;
2. Bod crefydd yn cynrychioli'r hyn sydd 'ddyfnaf' ym mhrofiad y ddynolryw;
3. Bod crefyddau yn mynegi profiad o 'ddyfnder', neu ddyfnderau'r profiad dynol, mewn termau deallus hanesyddol a chyd-destunol, ac felly maent yn gynnyrch eu diwylliant.

I

1. Bod crefydd yn wahanol i ddogma

Agwedd gymysglyd, braidd, oedd gan J. R. Jones tuag at 'ddogma' a'i berthynas â chrefydd. Yn gadarnhaol, mae'n amlwg iddo gredu fod 'crefydd', wedi'i datgysylltu oddi wrth ffurfiau athrawiaethol, yn cynrychioli rhywbeth arwyddocaol yn y profiad dynol, ond, yn fwy negyddol, mynnodd nad oedd dogmâu crefyddol (a'r credoau Cristnogol oedd ganddo mewn golwg) yn gredadwy bellach i bobl feddylgar, ddeallus, fodern. Problem ddeallusol yn bennaf oedd hon yn ei dyb, a gwelodd darddiad y broblem yn uchafiaeth gwyddoniaeth, y ffaith mai amau popeth oedd y cam cyntaf tuag at ddealltwriaeth, a'r wyddor o wirio pob honiad yn ôl y dystiolaeth empeiraidd.[12] Ymddengys, fodd bynnag, fod Jones wedi newid ei feddwl ar y pwynt penodol hwn. Yn ei ysgrif gynnar yn y gyfrol *Credaf* (1943), haerodd yn ddifloesgni mai 'gwyddoniaeth' oedd 'y peth mwyaf Cristionogol yn y byd heddiw'. Mater o ymchwil am y gwirionedd oedd gwyddoniaeth, ac wrth 'wybod y gwirionedd' byddai'r 'gwirionedd yn eich rhyddhau chwi' (Ioan 8:32).[13] Ond buan y daeth i weld problemau'n gysylltiedig â'r agwedd wyddonol: 'dim ond yr hyn sydd yn effeithio'n uniongyrchol ar ein synhwyrau corfforol' sydd yn cyfrif fel tystiolaeth dderbyniol wrth i ni brofi'r gwirionedd, meddai.[14] Canlyniad y pwyslais gwyddonol ar dystiolaeth empeiraidd oedd crebwyll cyfyngedig ynghylch dyfnderoedd realaeth. Gwacaodd fywyd o unrhyw ryfeddod drwy wadu dilysrwydd pob cwestiwn na ellid dod o hyd i ateb empeiraidd iddo: 'Questions which we are unable to answer are either problems as yet empirically insoluble or they are not genuine questions', meddai.[15] Yr hyn y byddem ni'n ei ddweud heddiw, efallai, yw bod yma ddiffyg gafael yn yr 'ysbrydol', er na ddefnyddiodd J. R. Jones y gair hwnnw. Daeth i weld fel roedd hyn yn arwain at ddiwylliant cwbl amddifad o werthoedd ar wahân i werthoedd y farchnad, diwylliant oedd yn ysu 'am elw, am enw, am *gadgets*, am *excitements*' ond yn sylweddoli yn y pen draw na pherthynai i fywyd 'unrhyw fath o synnwyr'.[16]

Yn ddigon diddorol, er mai'r ffydd yng ngallu gwyddoniaeth i esbonio'r byd a'r bydysawd a arweiniodd at y sefyllfa hon, gellid dirnad y tu ôl i wyddoniaeth 'yr ysbryd rhyddymofynnol, beirniadol' a oedd yn 'bennaf cynnyrch diwylliannol y "brotest"

Brotestannaidd'.[17] Felly, yn y pen draw, Protestaniaeth oedd yn gyfrifol am ei dirywiad ei hun: 'canys y rhyddymofyn "gwyddonol", *cynnyrch ei hysbryd a'i hegwyddor ei hun*, a'i lladdodd', meddai.[18] Ac eto, nid y 'rhyddymofyn' oedd y broblem bennaf, ond diffyg rhyddymofyn *mewn crefydd* oedd wrth wraidd yr argyfwng crefyddol. Y duedd i drafod yr athrawiaethau fel pe baent yn mynegi gwirionedd llythrennol a arweiniodd at genhedlaeth yn cefnu ar gapel ac eglwys oherwydd nad oedd modd profi'r gosodiadau crefyddol hyn drwy'r fethodoleg wyddonol. Nid 'gosodiadau' yn mynegi'r gwirionedd oedd yr athrawiaethau, ond yn absenoldeb unrhyw ffordd arall o'u deall a'u dehongli, nid oedd gan bobl fodern ddewis ond gwrthod crefydd yn gyffredinol, a Christnogaeth yn benodol. Yn nhyb J. R. Jones, byddai gwahanu crefydd oddi wrth ddogma, yn bennaf drwy ddangos nad gosodiadau gwyddonol oedd yr athrawiaethau Cristnogol, yn profi gwerth parhaol crefydd i genhedlaeth nad oedd bellach yn tywyllu'r lleoedd o addoliad nag ychwaith yn ystyried bod i fywyd elfen grefyddol o gwbl.

Wrth lunio ei syniadau am grefydd, derbyniodd Jones i raddau, ac yna heriodd i raddau, ddull y Positifiaid Rhesymegol o ddirnad gwirionedd bywyd, yn bennaf drwy ddefnydd o'r 'egwyddor gwirio' (*verification principle*). 'A sentence is only used significantly', meddai, 'when we know the method of its verification, that we know that is, what data of experience would render it true or false.'[19] Mewn geiriau eraill, mae datganiadau yn dibynnu ar ein gallu i wybod, ymlaen llaw fel petai, pa fath o dystiolaeth empeiraidd sydd â'r gallu i'w dadbrofi. Wrth ei gymryd yn llythrennol mae'r gosodiad 'Mae Duw yn bod' felly yn 'nonsens' neu'n ymadrodd heb unrhyw arwyddocâd, neu yn ddatguddiad o rywbeth sydd yn *wir*, oherwydd yr amhosibilrwydd o ddarganfod tystiolaeth a brofai *nad* yw Duw'n bodoli. Yn ei ddarlith agoriadol i'r gadair Athroniaeth yng Ngholeg Abertawe, esboniodd yr egwyddor gwirio fel hyn:

… there are no data of experience that would, even in principle, verify or refute sentences about *transcendent* entities like God or the supernatural world. It follows, therefore, that most statements made by religious people, for example, the basic statement that 'God exists', are *not really statements at all.*[20]

Y camgymeriad a wnâi Cristnogion, yn nhyb Jones, oedd ystyried athrawiaethau fel datganiadau o'r hyn sydd *wir*, gan ddeall 'gwirionedd' fel rhywbeth y gellid ei brofi'n wyddonol. Yn ôl ei farn ef, cynrychiolai'r dogmâu crefyddol rywbeth nad oedd yn bosibl ei fynegi'n llythrennol ac oedd eto yn *wir*, gan ystyried 'gwirionedd' fel yr hyn sy'n cyfateb i realiti. Iddo ef, 'arwyddluniau' yw'r dogmâu, sef 'dulliau dynol o amgyffred dirgelwch Duw', ond ofnai fod yr arwyddluniau wedi'u 'hail-garegu' mewn 'uniongrededd a llythrenoldeb newydd'.[21] Roedd angen 'rhyddymofyn' ynghylch yr athrawiaethau er mwyn darganfod yr egwyddorion neu'r hanfodion y ceisient eu mynegi. Yn wir, 'y mae ysbryd rhyddymofyn yn profi ei fod yn nes at galon ac "athrylith" crefydd nag ysbryd llythrenoldeb ac uniongrededd. Canys ynghylch *ystyr* y mae rhyddymofyn − brwydr dyn ydyw i dorri drwodd at olwg lawnach a llwyrach ar ystyr.'[22] Ac mae'r 'ystyr' hwn 'yn cael gafaelyd' yn y bod dynol. Nid 'credu gwirionedd llythrennol cyfundrefn o osodiadau' yw crefydd, felly, 'ond ymgydnabod â chyfryngau a sumbolau a fedr borthi calon dyn â'r sicrwydd bod i'w fodolaeth ystyr'.[23] O ganlyniad, gellid hawlio nad yw'r gred mewn Duw yn perthyn i unrhyw fath o resymu a all gael ei wireddu'n empeiraidd. Mewn ysgrif a gyhoeddwyd yn 1967, mae'n ymddangos bod Jones wedi rhoi'r gorau i gategorïau Paul Tillich, er iddo ddal i ddeall materion crefyddol yn nhermau ystyr neu ddiffyg ystyr:

We do not believe in God because there is good evidence that He exists … looking at the world, as it were, from the midst of it, looking at the facts of the world, nothing can constitute evidence for the existence of God. 'How the world is' is entirely unaffected by whether you believe in God or not. If, therefore, you do believe in Him, your belief is not rational belief. You did not arrive at it by the consideration of commensurate evidence. For where was your evidence? Faith is a leap – 'an objective uncertainty held fast in infinite passion'. Why should we be afraid of saying that in the belief that God exists there is a large element of hoping that He might exist, of wanting existence to be meaningful? For with awareness of the existence of the world as a limited whole arises inescapably the thought of its possible meaninglessness.[24]

Yn nhyb J. R. Jones, felly, mae rhywbeth yn ein profiad (h.y. profiad o fod yn fyw a phrofiad o 'fod' yn gyffredinol) sydd yn wir ond eto sydd yn amhosibl i'w ddisgrifio'n llythrennol. Cyfyd yr angen, felly, i ddefnyddio trosiad, cyfatebiaeth, chwedl, a ffurfiau llenyddol eraill, tra bo'r dogmâu crefyddol yn ganlyniad i'r gwaith creadigol hwn. Yr angen, felly, oedd i ddadfytholegu'r dogmâu a dirnad y profiad dwys o realaeth ddyfnaf bodolaeth y maent yn ceisio ei fynegi, yn eu gwahanol ffyrdd. Yn bennaf oll, os oedd unrhyw bosibilrwydd o ddarganfod gwir ystyr crefydd ac adfer y gred fod i fywyd ystyr, roedd gofyn datgysylltu'r dogmâu oddi wrth y gred lythrennol ynddynt. Ond onid oedd Cristnogaeth eisoes wedi derbyn yr angen am ddeongliadau trosiadol a chwedlonol? Nid yw'n gwbl eglur, felly, pwy yn union oedd mewn golwg wrth i J. R. Jones gyfeirio at 'lythrenolwyr'.

2. Bod crefydd yn adlewyrchu'r hyn sydd ddyfnaf ym mhrofiad y ddynolryw

Mewn adlais o gynllun mawr Schleiermacher, ond drwy ddefnyddio termau Tillich, nododd J. R. Jones ei gred fod crefydd yn seiliedig ar brofiad dyfnaf yr unigolyn dynol. Ond er iddo weld y profiad hwn fel rhywbeth y mae pawb yn ei deimlo, rhywbeth i bob unigolyn ydoedd yn y bôn yn hytrach na rhywbeth i'r gymuned ddynol. Yn hyn o beth, mae hi fel petai'n arddel diffiniad Whitehead o grefydd, sef 'crefydd yw'r hyn a wna'r unigolyn yn ei unigedd'.[25]

Yr unigolyn, felly, sy'n ymdeimlo â'r profiad o 'ddyfnder', ac mae'n brofiad na ellir ei fynegi yn nhermau syniadau. Yn hytrach na pherthyn i fyd y gosodiadau gwyddonol, perthyn y mae i'r emosiynau, ac er mwyn ei ddeall mae'n rhaid tynnu o'r ffynhonnell honno. O ganlyniad, mae'r honiadau crefyddol yn foddion mynegi gwirionedd, neu realiti efallai, ond heb wneud hynny ar ffurf gosodiadau gwyddonol. Rhywbeth dwysach, mwy cyfriniol o bosibl, sydd ganddo mewn golwg, ac nid yw'n bosibl disgrifio'r profiad hwnnw'n llythrennol. 'Unoliaeth bod ... yw'r gwirionedd mawr i'r cyfrinydd. Cenfydd ef Dduw yn nyfnder enaid dyn', meddai.[26]

Eto, yn ei ddarlith sefydlu yn 1953, nododd mai prif bwrpas dywediadau crefyddol oedd 'mynegi emosiwn', nid trwy ei ddisgrifio ond trwy roi gollyngdod neu ryddhad iddo – 'they ... provide an outlet for it'. Cysylltodd hyn â 'dimensiwn dyfnder y ddynolryw' a'i gred ddi-syfl na all gwyddoniaeth fyth ymdreiddio i'r profiad hwn.[27] Credai mai swyddogaeth crefydd oedd trin y profiad hwn, profiad a ddisgrifiodd yn nhermau 'dyfnder'; dyna a fyddai'n apelio, yn ei dyb, at 'ddirmygwyr diwylliedig' crefydd ei gyfnod. Ac felly roedd dimensiwn arall i 'wybod' nad oedd y Positifiaid Rhesymegol yn fodlon ei gydnabod.

Ymddengys fod 'dyfnder', i J. R. Jones, yn golygu 'elfen hanfodol personoliaeth' ('essential element in personality'), sef unigrywedd personol sydd yn y bôn yn anhraethadwy ac yn anhrosglwyddadwy:

We are unable to *think* it; it *shows* itself. When it is a unique object, it shows itself to perception. But when the unique is a person, it shows itself directly to feeling. It is *felt* as an essential loneliness, a sense of being this solitary self and none other, a sense of the selfhood, the apartness, the *fate* which, even in the closest union of bodies and souls, one cannot alienate from oneself and share with another.[28]

Er bod modd ystyried yr hunan yn ei berthynas â phobl eraill ac â'i gymuned, dim ond wrth ystyried ei bersonoliaeth unigryw ei hun y daw 'dimensiwn cyfan unrhyw fod i'r golwg', neu 'gesyd fy mhrofiad yn ei gyd-destun cyfannol'.[29] Mae'n werth dyfynnu'r darn yn ei ddarlith sefydlu lle esboniodd ei gred yn y profiad hwn o 'ddyfnder':

> It confronts *mystery*, though not just blank mystery, but mystery that is pregnant with inarticulate meaning – the mystery of 'my being in its total setting', the mystery of *personality*, of its origin, purpose, guilt, and suffering; the mystery of its relation to time – of its decline and death, and the mystery of its destiny. The meanings which glimmer in these depths are only very inadequately conceptualized. That is why … I would say that it is not by thinking, by intellection, but by *feeling* that we become aware of them. And it is feeling in this sense in which it involves a power of 'knowing by feeling' – feeling as a kind of grasp of objective meaning in a dimension very different from the one in which science does its analyzing, charting, and recording …[30]

Yn hyn o beth, ymddengys ar y wyneb fod J. R. Jones yn dilyn cynllun mawr Rhyddfrydiaeth Ddiwinyddol y bedwaredd ganrif ar bymtheg a ddechreuodd gyda Schleiermacher. Wrth chwilio am ffordd i gymeradwyo crefydd i'w 'ddirmygwyr diwylliedig', bwriad Schleiermacher oedd gweld yr *anfeidrol* yn hanfod y *meidrol*, ac wrth wneud hynny uno'r ddau mewn profiad o ddibyniaeth absoliwt.[31] Wrth i draddodiad Rhyddfrydiaeth Ddiwinyddol ddatblygu, tueddodd i bwysleisio'r moesol yn fwy na'r profiad o undod rhwng y dynol a'r dwyfol.[32] A gellir gweld hyn yng ngwaith J. R. Jones hefyd. Er bod ei drafodaeth o'r profiad dyfnaf o bersonoliaeth yn edrych yn debyg iawn i brofiad yr unigolyn, pwysleisiodd mai gwir ystyr 'crefydd' oedd sicrhau ymrwymiad moesol a oedd yn arwain yn anochel at ystyried pobl eraill:

> ... religion has to do fundamentally with a problem of liberation or release – the problem of drawing man out of the bondage of preoccupation with himself – preoccupation with his own (to him) overwhelming misfortune or overwhelming grief or overwhelming guilt.[33]

A sut mae rhywun yn gwneud hyn? Yn gyntaf, gellir 'dod allan o'r hunan' drwy edrych ar Iesu Grist a'i groes. Yn ail, mae'n ganlyniad dilyn y brif egwyddor foesol, yr hyn a alwai'n '[F]oeseg yr Anallu'. Dyma, yn ei dyb, oedd 'y foeseg wytnaf sy'n bod', sef caru, a charu gelynion yn ogystal, ac ymroi yn hunanaberthol heb ddisgwyl dim yn ôl. Mynegir y bywyd hwn mewn dyfalbarhad, dewrder, tosturi a gwasanaeth, a thrwy arddel y moesoldeb hwn, gellir dod o hyd i ystyr.[34] Yn hyn o beth, ni ellir gwadu bod J. R. Jones wedi deall hanfodion dysgeidiaeth Iesu Grist am 'gariad', ac iddo nodi bod y pwyslais hwn ar goll yn y byd cyfoes ac, yn fwy dadlennol, yn yr Eglwys hefyd.

Mae a wnelo crefydd, felly, â rhyfeddod, yn benodol y rhyfeddod y mae rhywun yn ei brofi yn nyfnder ei bersonoliaeth. Gan fod y rhyfeddod hwnnw yn anodd ei fynegi mewn cysyniadau, cyfleir ei ystyr drwy chwedlau yn hytrach na gosodiadau gwyddonol ac felly mynegir drwyddo wirionedd arall, amgenach, nad yw'n un llythrennol. Yn ôl Jones, myth a chwedl oedd 'yr unig fodd i oleuo'r byd yn ei grynswth' ('the only means of illuminating the world in its total dimension'). Mae gwyddoniaeth, meddai, yn archwilio natur, ond mae'n anghyflawn gan nad oes ganddi y dimensiwn hwn o 'ddyfnder'. Myth a chwedl sydd yn trin y dimensiwn hwnnw, ac felly mae 'myth' yn sefyll ochr yn ochr â gwyddoniaeth er mwyn rhoi'r ystyr cyflawnaf i fywyd. Mae gwerth a phwysigrwydd dimensiwn 'dyfnder' i'w weld ynddo'i hun, oherwydd bod cynnwys y profiad o ddyfnder yn 'gynhenid bwysig'[35] ac ni fynegir hyn mewn gosodiadau ond mewn chwedlau. 'Myths are *not to be taken for true or false*, but meaningful by reason of their relevance to certain human needs', meddai,[36] gan gynnwys yr angen am 'ystyr' i fywyd. O ganlyniad, crefydd yw'r hyn sydd yn codi o 'ddyfnder' y profiad dynol unigol ac sydd yn mynegi'r 'dyfnder' hwnnw drwy 'fyth'. A dyma hefyd sut mae 'crefydd' yn rhoi ystyr i'r bywyd dynol. Unwaith eto, gwelir yma sythwelediad pwysig i natur crefydd. Mae'n cynrychioli *gwirionedd* nad yw'n bosibl ei fynegi mewn ffurfosodiadau. Y cwestiwn yw, a ellir mynegi'r 'myth' yn well yn yr athrawiaethau hanesyddol? Neu, a oes angen ei ailfynegi mewn geiriau mwy addas ar gyfer oes newydd?

3. Crefydd fel cynnyrch diwylliannol

Gan fod crefydd yn mynegi rhywbeth o brofiad dyfnaf y bod dynol, ac nad yw'n bosibl mynegi hwnnw ond drwy drosiadau, cyfatebiaethau, chwedlau ac ati, mae'n dilyn bod *disgrifiadau* o'r profiad yn perthyn i gyd-destun penodol ac yn gynnyrch neu'n ganlyniad prif weadau deallusol y cyfnod y cawsant eu datblygu ynddo. Credai Jones ei fod yn dilyn Tillich wrth nodi bod diwylliant yn ymateb i'r hyn a welir fel argyfwng y bod dynol. 'Un o gyfraniadau mawr Tillich', meddai, 'yw iddo ddarganfod arwyddocâd *pryder* a'r cysylltiad sydd rhwng y pryder modern a dadfeiliad ein sicrwydd ynghylch *ystyr*.'

Nododd, felly, mai prif arwydd gwacter ystyr oedd y bom niwclear a'r bygythiad parhaus y byddai'n dinistrio'r ddaear a phopeth byw a'u gyrru i ddifancoll. Dan gysgod y bom niwclear, deuai i'r golwg yr 'ofn ein cael ein hunain yn sydyn, unrhyw funud, uwchben dibyn – dibyn sylweddoli nad ydyw bywyd, yn y gwaelod, *yn gwneud unrhyw fath o synnwyr*'.[37] Cynrychiolai'r bom niwclear duedd y ddynolryw at drais a difrod, a dan gysgod hwnnw nid oedd yn bosibl i bobl gredu yn Nuw nac ychwaith weld ystyr i fywyd. Ni theimlid y dieithrwch oddi wrth Dduw ac felly ni welid yr angen am faddeuant. Yn y cyd-destun hwnnw, felly, mae'r Duw sydd yn maddau, yn achub drwy aberth yr Iawn, ac yn prynu'r ddynolryw 'wedi marw', am fod y drefn yna, yn ôl J. R. Jones, wedi colli ei hystyr.

Ei argyhoeddiad pennaf oedd bod y ddynolryw, yn arbennig ar ôl yr Ail Ryfel Byd, ac yn sicr erbyn y chwedegau, wedi colli'r gred 'bod i fodolaeth ystyr', ac esgorodd hyn ar sefyllfa syfrdanol ac argyfyngus gan mai 'Creadur ydyw dyn nad yw'n medru gwneud dim yn y pen draw oni fedr gredu bod rhyw ystyr neu arwyddocâd i'r hyn a wna'.[38]

Apeliodd eto at ddadansoddiad Tillich a amlinellodd dri phryder penodol sydd yn effeithio ar fodau dynol, sef, yn gyntaf, y 'pryder yn wyneb tynged a thranc' ('the anxiety of fate and death'); yn ail, 'pryder euogrwydd, neu bryder yn wyneb barn a chondemniad' ('the anxiety of guilt and condemnation'); yn drydydd, 'pryder y meddwl a welodd drwy bopeth ac a gafodd bopeth yn y gwaelod yn *ddiystyr* – yr ofn sy'n gafaelyd mewn cymdeithas pan edrycho drwy gyflawnder ei moddion a'i moethau a'i syrffed pleserau a chael ei bod yn syllu i wacter: *the anxiety of meaninglessness* – "pryder gwacter" neu "bryder gwacter ystyr"'.[39]

Nid oedd gan J. R. Jones fawr ddim i'w ddweud am y pryder cyntaf (ar wahân i sut roedd yr athrawiaethau traddodiadol yn ymateb iddo, a hynny mewn ffordd gwbl anghymwys ar gyfer diwylliant digrefydd canol yr ugeinfed ganrif). Credai fod y pryder am euogrwydd yn perthyn i gyfnod pan oedd modd cymryd y gred mewn Duw yn ganiatâol, a gwelai hefyd fod y gred honno yn sylfaen i'r bywyd unigol a'r bywyd cymdeithasol. Dyna'r sefyllfa yng Nghymru'r gorffennol, a dyna hefyd a roddodd gyfle a nerth i'r diwygiadau crefyddol a brofwyd mor helaeth ledled y wlad dros y ddwy ganrif flaenorol. Yn ôl Jones, erbyn canol yr ugeinfed ganrif nid oedd yn bosibl cymryd y gred yn Nuw yn ganiatâol, ac felly nid pryder euogrwydd oedd bennaf yn niwylliant y Gymru gyfoes, ac o ganlyniad ni fyddai unrhyw ddiwygiad crefyddol yn digwydd mwyach, o leiaf nid ar batrwm yr hen ddeffroadau crefyddol. Ni ellid disgwyl i'r ddynolryw gyffesu pechod gerbron Duw na cheisio maddeuant ganddo gan nad oedd yn credu yn y Duw hwnnw mwyach.

Ymddengys mai 'Duw' oedd y gair a ddefnyddiodd J. R. Jones i gynrychioli 'ystyr' bywyd. Dilyn y diwinydd Albanaidd John Macquarrie a wnaeth Jones, a sylw'r Sgotyn: 'God is the religious word for Being, understood as gracious'.[40] Cysylltwyd y cysyniad o 'Dduw' yn rhy agos â deongliadau llythrennol o'r athrawiaethau Cristnogol, ac felly dirywiodd y gred yn 'Nuw', boed yn Waredwr neu yn wrthrych addoliad, neu yn symbol ar gyfer gwerthoedd dyfnaf dyn. Yn hytrach na cheisio'r Bod Perffaith (a fyddai'n 'fod' ymhlith bodau eraill), roedd angen chwilio am yr hyn sydd 'o werth digamsyniol – sef yr ymdeimlad â'r cyfan o fodolaeth'.[41] Fel yr esboniodd Pennar Davies:

> Y cwestiwn sylfaenol mewn bywyd – ac yma y mae Jones yn adleisio Heidegger – yw 'Pam y mae *bod* ac nid anfod?' Nid oes ateb i'r cwestiwn ond ymdeimlo ag 'ystyr gyfan' Bodolaeth – 'cael "gafaelyd ynom ganddi"' – 'ac y mae cael gafaelyd ynoch yn yr ystyr hwn *yr un peth â chredu ym modolaeth Duw*'. Wrth ddod wyneb yn wyneb â'r *ystyr gyfan* yr ydym yn cael gafaelyd ynom ganddi ac yn gweld ei gwirionedd: yn y profiad hwn y mae ystyr a gwirionedd yn un.[42]

Gwadodd J. R. Jones mai pantheistiaeth oedd hyn oherwydd iddo ystyried y syniad fod 'popeth yn cydsefyll' yn Nuw yn gwrthrychu Duw mewn ffordd gyfeiliornus, debyg i wrthrychu Duw fel 'un Bod ymhlith bodau eraill'. Ni ellir amgyffred Duw yn ei lawnder oherwydd bod hynny hefyd yn golygu ei wrthrychu, tra ar yr un pryd mae 'cael gafaelyd ynom' gan ystyr Bodolaeth 'yn gwneud y gwahaniad rhwng goddrych a gwrthrych yn ddi-rym'.[43] Trwy hyn, felly, unir y meidrol a'r anfeidrol, a darganfod ystyr yng nghyd-destun 'gwacter ystyr'.

Yr argraff a geir yw bod J. R. Jones yn gwybod ei farn yn well wrth ddisgrifio'r broblem nag wrth gynnig ffordd i'w datrys. Mae'n huawdl wrth ddadansoddi problemau honedig ei oes ond yn fwy distaw wrth gynnig ffordd ymwared i genhedlaeth fwyfwy digrefydd. Ond, yn y bôn, dyma oedd crefydd iddo: naill ai'r profiad o ddyfnder y mae'r unigolyn yn ei gael wrth ystyried natur unigryw ei bersonoliaeth 'yn ei chyflawnder', neu'r mynegiant o hynny mewn myth a chwedl. Mae hanfod y profiad hwn y tu hwnt i ddeall ac felly yn amhosibl ei fynegi'n gysyniadol, er bod angen ceisio gwneud hynny er mwyn osgoi hunan-dwyll. Yn y pen draw, rhyw brofiad dirgel, cyfriniol bron, gyda'r unigolyn yn ymdeimlo â 'chyfannedd' ei bersonoliaeth ac o ganlyniad yn cael gafaelyd ynddo gan 'ystyr gyfan' y bydysawd. O ganlyniad, roedd angen chwyldroad deallusol mewn Cristnogaeth er mwyn cyfleu'r hanfodion hyn a helpu pobl weld bod i fywyd ystyr.

II

Wedi amlinellu syniadaeth J. R. Jones ynghylch crefydd, awn ymlaen i godi nifer o gwestiynau beirniadol ynghylch sut y deallodd grefydd, gan ddechrau gyda'r ffordd y mae'n ei thrafod. Unwaith eto, nodir y problemau o dan dri phennawd:

1. Anghysondeb ei fethodoleg;
2. Ei ddirmyg tuag at y 'grefydd swcwr';
3. Gwendid ei grefydd anghrefyddol.

1. Anghysondeb ei fethodoleg

Yn ei agwedd at grefydd, ac yn wir at y crefyddau, ymddengys ei fod yn 'rhagdybio safon grefyddol wrthrychol'.[44] Er iddo awgrymu bod crefydd yn cynrychioli gwybodaeth amgen, nad yw'n bosibl ei dirnad ond trwy gael profiad ohoni (h.y. *profi* dyfnder y bersonoliaeth unigol a thrwy hynny ymuniaethu â'r anfeidrol), ac ar ben hynny nad yw'n bosibl ychwaith wireddu'r wybodaeth honno trwy dystiolaeth empeiraidd, ymddengys ar brydiau iddo haeru rhyw safon wrthrychol i fesur rhwng 'crefydd' ac 'ofergoeledd'. Mewn geiriau eraill, mae'n gwadu hawl empeiriaeth i feirniadu ei syniadau am 'ddyfnder', ond yn arddel empeiriaeth ar yr un pryd er mwyn gwrthod dilysrwydd y crefyddau traddodiadol. O ganlyniad, gellir dirnad yn ei waith ffordd ddeublyg (ac nid hwyrach gymysglyd) tuag at gasgliadau'r Positifiaid Rhesymegol, ambell waith yn eu gwrthod ac ambell waith yn eu derbyn. Credai nad oedd y 'ddamcaniaeth emosiynol i ystyr' yn osodiad gwyddonol ac, o ganlyniad, nid mater o dderbyn ei wirionedd neu ei anwiredd ydoedd. Ond, er iddo ddweud mai disgrifiadau mytholegol yn hytrach na gwyddonol yw gosodiadau crefyddol neu'r credoau, eto i gyd ymddengys ei fod yn fynych yn eu trin *fel pe baent* yn wyddonol. Yn hyn o beth, fel y myn Walford Gealy, daeth J. R. Jones i'w gasgliadau 'oherwydd iddo fethu cymodi ei ragdybiaethau athronyddol empeiraidd â iaith y ffydd Gristnogol'.[45]

2. Ei ddirmyg tuag at y 'grefydd swcwr'

Ar ben hyn, wrth gyfeirio at 'grefydd swcwr', a oedd yn ei dyb yn grefydd ar gyfer 'babaneiddiwch' y ddynolryw, rhôi J. R. Jones yr argraff mai credinwyr a oedd yn deall eu ffydd yn ôl y categorïau traddodiadol, boed yn llythrennol neu yn drosiadol, oedd gwrthrych ei ddirmyg. Mynnai fod y *crefyddau* yn 'glwm ... o goel ac ymarweddiad a ddaeth i fod yng nghwrs datblygiad dyn i gwrdd â gwendid a berthynai iddo', neu y daethant i fod er mwyn gofalu am 'bryder' rhyw oes benodol.[46] Gellir gweld rhyw fath ar esblygiad yn hyn o beth. Yn y dechreuad, meddai, gwendid y ddynoliaeth oedd 'ei [b]abaneiddiwch, ei angen, fel un newydd eni, am ddiogelwch a gwarchodaeth a swcwr'. Honnai ymhellach fod Cristnogaeth wedi'i throi'n 'grefydd', 'sef yn foddion swcwr', yng nghyfnodau cynnar ei bodolaeth. Mae ei feirniadaeth yn ddadlennol: 'Arfogwyd hi ag athrawiaethau a gynigiai swcwr rhag y pryderon traddodiadol – ymyriad rhagluniaethol Duw yn swcwr rhag pryder tynged a thranc ac yn athrawiaethol "cymod" a'r "prynedigaeth" yn swcwr rhag pryder euogrwydd.'[47]

Haerai Jones mai mater o 'fabaneiddiwch' oedd meddwl am Dduw yn ymyrryd mewn hanes, neu gredu bod Duw yn maddau pechodau, pethau nad ydynt bellach yn ystyrlon am fod 'dyn' wedi cyrraedd 'ei gyflawn oed' (dyma un o'r ymadroddion a ddefnyddiodd i drosi i'r Gymraeg syniad annatblygedig Bonhoeffer, sef 'man come of age'). Ond wrth feirniadu yr agweddau crefyddol hyn, gwrthododd ystyried y gallai'r credoau hyn fod yn fynegiannau dilys mewn cyd-destunau a chyfnodau cynt. Nid ffyrdd mytholegol oeddent i ddeall realaethau 'dyfnder' y bersonoliaeth unigol, yn hytrach camsyniadau oeddent yn creu delweddau o'r dwyfol nad ydynt *erioed* wedi cyfateb i wir brofiad y ddynolryw. Mynnai nad trosiadau ar gyfer cyd-destun gwahanol oedd yr athrawiaethau a'r dogmâu iddo, ond camddealltwriaethau sylfaenol o'r gwirionedd am ddyfnder dyn boed yng nghyfnod yr Eglwys Fore, yn yr Oesoedd Canol neu yng Nghymru'r pumdegau a'r chwedegau. Yng nghysgod y bom niwclear, nid oedd gan y grefydd a gynigiai faddeuant pechodau ddim byd i'w gynnig i'r unigolyn nac i'r byd. 'Canys ni fedr gynnig dim ond swcwr – swcwr y gobaith yr atalia Duw ein rhysedd ac ymyrryd i waredu'r byd rhag y dynged y mae'n ei pharatoi iddo'i hun', meddai. Ond, ac yn fwy dadlennol, â ymlaen:

> Eithr nid ataliodd Duw erioed mo rysedd dynion. Nid ymyrrodd erioed i warchod y diniwed rhag creulonderau hanes … Ac ystyr amlwg hyn ydyw nad ydyw Duw *ddim yn bod fel ffynhonnell swcwr*. Breuddwyd ein crefu babanaidd am deimlo'n saff ydyw'r Duw hwnnw.[48]

Eto i gyd, mae gan y traddodiad Cristnogol y syniad am y *Deus absconditus*. Ers cyfnod Luther o leiaf, mae diwinyddion wedi tynnu sylw at yr angen i bobl ffydd fyw yn y byd fel pe

bai Duw yn absennol ohono yn hytrach na meddwl y byddai
Duw yn ymyrryd i newid y sefyllfa er gwell. Ymddengys nad
oedd J. R. Jones yn ymwybodol o'r traddodiad hwn, ac mae
lle i gredu iddo gamddehongli'n ddybryd 'argyfwng' cred ei
oes. Fodd bynnag, iddo ef roedd yr amser wedi dod i 'brofi'r
Gristnogaeth grefyddllyd hon o'r diwedd', a'r rheswm am hynny,
mae'n siŵr, oedd ei fod wedi cyrraedd y pwynt o gyffesu na allai
gredu'r honiadau traddodiadol hyn mwyach. Ar ddiwedd ei ysgrif
ar waith Ann Griffiths, nododd '... na fedraf fi gredu mwyach, yn
wyneb dryswch a chymysgedd tystiolaeth y Testament Newydd,
nad breuddwyd oedd y cwbl. Breuddwyd oedd y Duw-ddyn –
dehongliad a osodwyd gan ddynion ffaeledig, ond digon gonest
eu hamcan, ar ryfeddod y dyn Iesu.'[49]

Daw hyn yn eglur yn y ffordd y mae'n trafod yr hyn a eilw
yn 'bregethu efengylaidd'. Mae ambell waith yn cyfeirio'n ingol-
wawdlyd at 'bregethwyr efengylaidd' ac yn galw ar ei ddarllenwyr
i'w gwrthod yn llwyr:

> Nid oes dim byd yn fwy diystyr, na dim ychwaith, mi ddywedwn
> i, yn fwy didrugaredd, na phregethu barn ar ein cenhedlaeth
> am na ddaw hi i'r cyfrif â Duw – yr *encounter*, bondigrybwyll,
> a ddatguddiai iddi ei gwacter haeddiant, ei llenwi â phryder
> euogrwydd a'i gyrru dan lach y pryder i 'ddychwelyd a byw'.[50]

Ac mae'n gryf ei farn am y sawl oedd yn pregethu'r Iawn a'r
Prynedigaeth:

> Y mae, gan hynny, yn baradocs perffaith ond eto'n wir mai gyda
> 'gelynion croes Crist' y mae'r garfan honno heddiw a fyn mai
> *gwrthod* 'dychwelyd' y mae'r genhedlaeth hon – oblegid ei chariad
> at ei phechodau, ei balchder a'i hystyfnigrwydd – ac nid *methu*
> dychwelyd oblegid ei hanghrediniaeth. A'r cywilydd wyneb yw
> eu bod yn ymroi i'r collfarnu cras ac anoddefgar hwn yn enw Iesu!
> Pa fodd nad ydyw'n eglur mai tosturio wrth y genhedlaeth hon yn

anad yr un a wnâi ef *oblegid ei goddiweddyd gan wacter ystyr* – gweld dynion eto, ond mewn ystyr newydd a dieithr yn awr, 'fel defaid heb ganddynt fugail'. Gelwch chwi hwy i'r *divine encounter* mor groch ag y galloch, ni ddôn nhw ddim am na fedran' nhw ddim dod. Ceisiwch ennyn ynddynt bryder euogrwydd uwchben affwys eu gwacter haeddiant – rhowch iddynt eto megis ddoe y cip ar 'wagle colledigaeth dyn' – 'chewch chi mohonyn' nhw i deimlo dim, nac i weled dim. Rhyngddynt hwy a dechrau dod i olwg yr affwys honno, y mae affwys arall – affwys cyfanfod a aeth yn wag o Dduw.[51]

Nid yw'n gwrthod honiadau'r pregethu efengylaidd am fod y pregethwyr efengylaidd wedi credu'n gyfeiliornus mai gosodiadau gwyddonol neu lythrennol yw'r dogmâu Cristnogol; mae'n eu gwrthod am ei fod yn credu eu bod yn *ffals*, yn yr ystyr nad ydynt yn gymwys ar gyfer anghenion ei oes ond hefyd am y ffaith eu bod yn ffals *erioed*. Unwaith eto, mae'n anodd peidio cytuno â chasgliadau Walford Gealy: 'Roedd J.R. wedi cefnu ar Gristnogaeth uniongred ers blynyddoedd.'[52]

3. Gwendid (neu wacter) ei grefydd anghrefyddol

Er bod J. R. Jones wedi cefnu ar Gristnogaeth yn ei hystyr hanesyddol, ni fynnai ymwrthod â chrefydd fel y cyfryw. Ond beth oedd cynnwys y grefydd hon?

Mewn cyd-destun o anghrediniaeth, cenadwri Cristnogaeth oedd cyhoeddi'r 'cyfiawnhad drwy ffydd *anghrediniol*-ymofynnol', a disgrifiodd y ffydd honno fel un na 'fedrai ei mynegi ei hun yn unrhyw un o dermau'r ffydd uniongred, hyd yn oed y term "Duw", ond y ffydd sydd yn newyn ac yn syched, yn ymchwil ac yn frwydr'.[53] Roedd yn ymwybodol o'r cwestiwn amlwg a godai o'r esboniad hwn, sef 'newyn ac yn syched, yn ymchwil ac yn frwydr – eithr am beth?' Atebodd: 'Nid oes ond un ateb – am ystyr, am ystyr eithaf bodolaeth, am y sicrwydd bod i fodolaeth ystyr: ac am graidd neu ddyfnder yr ystyr, nid am y plisg a

gorfforwyd yn yr arfer o roi ar yr ystyr yr enw Duw.'[54] Galwodd
ar ei wrandawyr a'i ddarllenwyr i ymroi ac ymrwymo i'r ffydd
anghrediniol-ymofynnol hon gyda rhethreg sydd yn bregethwrol
iawn:

> Yr ydwyt wedi mynd i fethu â chredu yn Nuw. Na ddyro glust
> i anogaethau 'gwŷr yr achub'. Gweled arnat ryw fynydd o fai a
> wnânt hwy – canys anghofiasant drugaredd Iesu, peri dy gloi'n
> ddyfnach yn dy benbleth a than goncrid callestr dy anghrediniaeth.
> Doi allan o'u hoedfaon ag integriti dy feddwl wedi ei glwyfo a'i
> ddi-anrhydeddu. Ond os oes arnat newyn a syched am fedru credu,
> os diffygiaist yn cario baich y gwacter ystyr, y mae dy *gonsyrn*,
> am ei fod yn gonsyrn *eithaf* – yn gonsyrn am ddod yn sicr eto
> bod i fodolaeth ystyr, y mae'r consyrn hwn sydd megis craidd o
> ffydd o fewn i'th anghrediniaeth, yn agor o'th flaen dithau obaith
> cyfiawnhad. Fe'th gyfiawnheir dithau yng ngolwg Duw Iesu Grist
> *drwy dy ffydd anghrediniol*, drwy dy newyn a'th syched am ffydd.[55]

Yn ei dyb, felly, 'daeth yn bryd … inni weld ei bod yn wir yn
athrawiaethol, sef ym myd credu yn ogystal ag ym myd *cyflawni*,
mai drwy *ffydd*, sef yw hynny, yn annisgwyl ond yn gwbl gyson
â'r *egwyddor* Brotestannaidd, mai drwy *amau*, drwy chwilio a
thrwy fentro, y cyfiawnheir dyn'.[56] Nid gwrthryfel yn erbyn
credu a nodweddai'r cyfnod ond yr anallu i gredu. O ganlyniad,
meddai:

> Ond o fewn i'r Gristnogaeth 'chwyldroadol' a fedrodd dy
> *gyfiawnhau* yn dy anghrediniaeth fe gei y bydd ystyr yr enw
> wedi ei edfryd – a'r 'argyfwng gwacter ystyr' wedi ei feistroli –
> oherwydd torri o'r Gristnogaeth honno drwodd at ffordd newydd
> o amgyffred ac o deimlo Duw. Ac o ddysgu sillafu Ei enw o'r
> newydd yn y ffordd hon, fe ddoi i ddeall peth arall amdano, sef fod
> iddo enw arall sy'n oleuach na'i holl enwau – mai *Duw Iesu Grist*
> yw ei wir enw.[57]

Yr hyn oedd gan Gristnogaeth – neu yn nhermau J. R. Jones, *gwir* Gristnogaeth – i'w gynnig, felly, oedd i dynnu sylw at wendid Crist ar y groes lle mae Duw yn dangos i ddyn (dyma eiriau J. R. Jones ei hun) sut y mae'r dwyfol yn deall ei nerth ei hun. Ar y groes cyhoeddwyd cyfrinach nerth Duw, sef mai nerth *a berffeithir mewn gwendid* ydyw. Yn ei dyb ef, bu farw Iesu'n ddiymadferth er mwyn herio'r ddynolryw a'i siglo o'i 'ffordd fabanaidd o ddeall nerth', sef deall nerth yn nhermau diogelwch. Dyma'r hyn a welodd y grefydd draddodiadol yn y groes, ac nid oedd hwnnw'n ddim namyn 'swcwr maddeuant'. Nid mynegiant o'r gwirionedd, nid mynegiant o'r realaeth am 'ddyfnder' oedd y Duw hwnnw – sef yr hyn a welodd y Gristnogaeth draddodiadol wedi'i ddatguddio ar y groes – felly, ond rhith ac eilun. Ac nid oedd y Duw hwnnw wedi marw yn unig oherwydd nad oedd pobl ddeallus yn credu ynddo mwyach, ond hefyd am nad oedd wedi 'bod' erioed.

A dyma graidd y mater. Nid Duw oedd o bwys i J. R. Jones, ond y ddynoliaeth a'r hyn y mae'r ddynoliaeth yn ei gyfrif yn arwyddocaol neu'n bwysig, a'r hyn y gall y ddynoliaeth ei gyflawni yn ei nerth ei hun. Dyneiddiaeth bur oedd cynnwys ei ysgrif yn y gyfrol *Credaf* yn 1943,[58] tra dywedodd yn ei ddarlith sefydlu:

> For although the faith sustained by the Christian symbols was ostensibly faith in God, the intermingling of the human and the divine in the underlying content of the symbols has meant that it had an effect in history as a humanistic faith – a faith in Man, in the essential divinity and ultimate perfectibility of man.[59]

Fel y nododd Pennar Davies, 'Nid gweld Duw yn y byd y mae ond gweld y byd yn ddealladwy ac yn llawn ystyr a llawenhau ynddo – yng nghyfanrwydd yr hollfyd.'[60] Unwaith eto, mae'n anodd osgoi casgliad Walford Gealy: 'Gwreiddiodd empeiriaeth yn ddwfn ynddo ac, o'r cychwyn trodd ei ffydd grefyddol yn simsan, yn gwbl anuniongred ac … yn wadiad llwyr o'r realiti ysbrydol. Erbyn diwedd ei fywyd, credaf mai dyneiddiwr pur oedd J. R. Jones.'[61] Y gwir yw, fel y dengys yr ysgrif yng nghasgliad J. E. Meredith yn glir, mai dyneiddiwr ydoedd ers dechrau ei yrfa academaidd o leiaf.

Nid mynegi'r syniad fod crefydd yn cyfleu gwirionedd trwy gyfrwng trosiad a myth a wna Jones; myn yn hytrach fod dehongli crefydd yn ôl yr hen batrymau yn fater o gamgymeriad. Beirniadodd ddeongliadau traddodiadol, neu uniongred, o Gristnogaeth: 'Stress on the literal divinity and pre-existence of Christ has always threatened to undermine his significance as the supreme symbol of human moral perfectibility.' Ond wfftiodd y Rhyddfrydiaeth Ddiwinyddol hefyd:

> The liberal and Unitarian denial of the divinity of Jesus threatened to rob his Image of the peculiar quality of transcendence without which his significance for man would not come from beyond man himself or be an earnest of moral *perfection* as the goal ultimately attainable by man. The potency of Jesus as symbol of transfigured manhood is inevitably lost in the ordinariness of his status as 'mere man'.[62]

Er bod J. R. Jones am gadw'r syniad o 'drosgynoldeb' Iesu er mwyn dangos bod rhywbeth 'arall' ym mhatrwm y bywyd moesol y mae'n ei gynnig i'r ddynolryw, mae'n amlwg mai sylfaen ei feirniadaeth o'r ddwy ffordd o ddiwinydda yw nad yw'r naill na'r llall yn rhoi digon o sylw i Iesu fel symbol o berffeithrwydd moesol. Yn hyn o beth, felly, mae'n credu bod ei ddadansoddiad o Gristnogaeth yn un absoliwt, ac nid yn un sydd ond yn weddus i'w gyfnod ei hun – er nad oedd, efallai, wedi sylweddoli'r ffaith. Yn hyn o beth nid gwrthod dogma a wnaeth ond cynnig dogma, a dogmâu, newydd yn ei le.

Gadewch i ni ystyried, er enghraifft, y ffordd y cymhwysodd J. R. Jones ei ddealltwriaeth o 'fyth' at un o brif athrawiaethau'r ffydd Gristnogol, sef yr Ymgnawdoliad. Gwrthododd unrhyw drafodaeth o *natur* Person Crist a sut mae'r dwyfol a'r dynol, a hwy ill dau yn gyflawn ac yn ddiwahân (yn ôl Diffiniad Chalcedon), yn trigo ynddo. Yn hytrach, soniodd am y 'synnwyr moesol' sydd yn dod yn hysbys wrth inni ymdreiddio i 'ddyfnder' y bersonoliaeth unigol: 'It is in his effort not to be clever but to be good that he is especially conscious of standing under ever higher possibilities of achievement ... For a *human* symbol of moral perfection is, at the same time, a symbol of human moral perfectibility.'[63] O ganlyniad, gallai gasglu mai symbol yw Iesu'r dogmâu Cristnogol am y modd y gellir perffeithio moesoldeb yn y bywyd dynol. Swyddogaeth Iesu, felly, oedd dwyn y posibilrwydd i'r ddynoliaeth fyw'r bywyd moesol perffaith ar y ddaear. O ganlyniad, gallai J. R. Jones ddisgrifio esgyniad Iesu fel 'the *mythologized* version of the attainment of perfection by a human being, the mythical enactment of the taking up of the "human" into the "divine" – of the entry of flesh and blood into perfection'. Nid yw Iesu'n Eiriolwr yn yr ystyr o bledio achos y ddynolryw gerbron y Tad nefol. Gwrthododd y syniad hwnnw fel 'llygredigaeth ddeddfol' o'r myth. Yn hytrach, mae'n Eiriolwr oherwydd iddo gymryd yr hanfod dynol – yr un hanfod ag a rennir gan yr holl ddynolryw – i'r nefoedd. Ond ni ddeallai J. R. Jones y nefoedd yn nhermau unrhyw ddimensiwn trosgynnol, ond yn syml fel term ar gyfer *perffeithrwydd*. 'For "Heaven" is Perfection, and the storming of Heaven by One made in our human image has the force of an earnest or warrant of Man's ultimate moral perfectibility.'[64]

O ganlyniad, mae'r termau traddodiadol megis 'nefoedd' ac 'esgyniad' i'w dadfytholegu. Nid yw'r 'nefoedd' yn ddim ond symbol am 'berffeithrwydd'; arwydd yw'r 'esgyniad' o'r bersonoliaeth ddynol yn cael ei pherffeithio:

At *this* level, the Christ-Image retains its transcendent or numinous quality through an activity of reflection which combines contemplation of the Image in its traditional form, shot through with suggestions of an origin beyond the merely human, with an attitude of suspended judgement which keeps the whole question of the credibility of the statement that God became man in abeyance while allowing the Image to exercise fascination through its *significance* as symbol and promise of the ultimate perfectibility of Man.[65]

Yr hyn sydd yn taro rhywun am yr ysgrif gynnar ar grefydd fel myth yw bod J. R. Jones yn teimlo dan reidrwydd i esbonio *ystyr* y myth. Wrth wneud hyn newidiodd un athrawiaeth am athrawiaeth arall. Y cwestiwn yw, pam ddylid derbyn ei ddehongliad ef yn hytrach na'r dehongliad traddodiadol? A oedd ei gasgliadau yn fwy tebygol o fod yn 'ystyrlon' i'w genhedlaeth rhagor na'r athrawiaethau Cristnogol traddodiadol? Mae'n anodd credu bod sôn am *berffeithio*'r ddynolryw yn y ffordd hon yn fwy 'ystyrlon' yn y pen-draw na'r syniad o 'faddeuant pechodau'. Yn union fel y credodd Jones nad oedd hi'n bosibl i genhedlaeth y chwedegau gredu yn y cysyniad o faddeuant pechodau, oni allwn ninnau godi gwestiwn ynghylch y cysyniad o'r ddynolryw, fel hyn, yn cael ei pherffeithio?

Yn y pen draw, ymddengys i J. R. Jones gyfnewid un casgliad o athrawiaethau am gasgliad arall, ac er gwaethaf ei bryder am 'wacter ystyr', nid eglurodd gydag unrhyw radd o effeithiolder sut y byddai ei syniadau ef yn rhoi 'ystyr' i fodau dynol mewn byd lle na ellid cymryd y gred mewn Duw yn ganiataol.

III

Yn ei gyfrol yn trafod gwaith ei ragflaenydd, cyhuddodd Dewi Z. Phillips ddiwinyddion Cymru o anwybyddu gwaith J. R. Jones am nad oedd ganddynt ddiddordeb mewn diwinyddiaeth adeiladol.[66] Mae'n siŵr fod gwirionedd yn y cyhuddiad. Ond y broblem i ddiwinyddion yw nad awgrymu cynllun o ddiwinyddiaeth adeiladol a wnaeth J. R. Jones ond ceisio llunio crefydd newydd, neu o leiaf ddaliadau crefyddol amgenach na'r rhai y mae'r Eglwys wedi'u harddel erioed. Mae ei honiad nad yw geiriau crefyddol ond yn cynrychioli rhyw realaeth drwy gyfrwng trosiad, neu fyth, yn un rhesymegol. Wrth drin rhyfeddod bodolaeth, sef prif bwnc crefydd yn ôl J. R. Jones, ac wrth geisio cadw'r elfen o ryfeddod, mae'n gwbl synhwyrol nodi nad cyfatebiaeth seml, lythrennol sydd rhwng y geiriau eu hunain a'r realiti y maent yn ceisio ei ddisgrifio. Ond gwendid J. R. Jones yw iddo honni ar brydiau fod *ei eiriau ef ei hun* yn cyfateb yn well i'r realiti hanfodol am ddyfnder y bersonoliaeth ddynol na geiriau traddodiadol yr athrawiaethau clasurol a'r dogmâu Cristnogol.

Yr hyn sydd, efallai, yn fwyaf syfrdanol yw'r ffordd y gwrthododd J. R. Jones *gynnwys* crefydd (sef yr athrawiaethau Cristnogol, a'r mynegiant o'r athrawiaethau hynny yn y profiad, dyweder, o faddeuant pechodau) ac eto roedd am gadw *crefydd* fel y cyfryw. Roedd, yn ôl pob sôn, yn aelod ffyddlon ac yn flaenor yn ei gapel ac yn bregethwr lleyg. Does dim amheuaeth iddo gredu bod 'crefydd' yn bwysig, ond mynnodd dynnu gwahaniaeth absoliwt rhwng dogma a chrefydd, gyda 'dogma' yn ffrwyth athrylith deongliadol unigolion mewn cyfnodau a chyd-destunau penodol, a 'chrefydd' yn brofiad o realiti moesol, cariadus. Ni lwyddodd, ysywaeth, i fynegi'r grefydd honno mewn ffordd ddeniadol, orfoleddus na llawen,[67] a methodd ddangos yn eglur ym mha le y dylai'r gwahanu rhwng dogma a chrefydd ddod.[68]

Yn ôl E. R. Lloyd-Jones, 'Pan droes J. R. Jones yn athronydd, troes yn erbyn yr athrawiaethau yr oedd wedi eu hetifeddu.'[69] O ganlyniad, treuliodd ei fywyd yn chwilio am fynegiant newydd o'r 'grefydd' yr oedd yn dal i'w harddel. Natur arbrawf, felly, sydd yn ei waith yn hytrach na chasgliadau a gosodiadau gorffenedig. Fel y nododd Pennar Davies, 'Nid oedd J. R. Jones wedi terfynoli ei athroniaeth grefyddol pan fu farw; yr oedd yn dal i droi a throsi ac yn dal i dyfu.'[70] Ond roedd ei *animus* tuag at yr athrawiaethau uniongred, a'i fethiant i gydnabod y gallent fynegi'n drosiadol yr agweddau dwysaf a mwyaf cadarnhaol mewn bywyd, yn awgrymu ymgais i ddal cyswllt â chrefydd gyfundrefnol er iddo ef ei hun golli ffydd, yn y Gristnogaeth glasurol o leiaf. Y gwir yw na phrofodd ei weledigaeth am 'grefydd ddigrefydd' yn ddeniadol i'r Cymry, a'r hyn a ddigwyddodd ers ei farw yw i Gymru droi'n fwyfwy seciwlar ac i Gristnogaeth golli ei gafael ar y cyhoedd. Nid oedd dim gwaredigaeth i grefydd yn ei fyfyrdodau, a dichon fod y diffyg eglurder a'u nodweddai, heb sôn am yr elfennau beirniadol a negyddol, yn rhannol gyfrifol am hyn.

Nodiadau

[1] Hoffwn ddiolch i'r Athro John Heywood Thomas am ei sylwadau craff ar fersiwn cynharach o'r bennod hon, ac i'r Athro D. Densil Morgan am ei gymorth parod wrth baratoi'r bennod i'r wasg.

[2] Walford L. Gealy, 'Ann Griffiths a'r Athro J. R. Jones', yn E. Gwynn Matthews (gol.), *Cred, Llên a Diwylliant: Cyfrol Deyrnged i Dewi Z. Phillips* (Talybont: Y Lolfa, 2012), t. 119.

[3] Llythyr gan John Heywood Thomas at yr awdur, 12 Ionawr 2016.

[4] Gealy, 'Ann Griffiths a'r Athro J. R. Jones', t. 121.

[5] D. Z. Phillips, 'J. R. Jones', *Y Traethodydd*, CXXV, rhif 537 (1970), 197–202 (198). Mae'n debyg mai cyhoeddi'r pamffled *Yr Argyfwng Gwacter Ystyr* (Llandybïe: Llyfrau'r Dryw, 1964) a berswadiodd Phillips ynghylch dylanwad Wittgenstein ar J. R. Jones; gw. idem, 'Yr Argyfwng Gwacter Ystyr', *Y Traethodydd*, CXX, rhif 515 (1965), 69–77 (70). Cyfeiriodd J. R. Jones yn gadarnhaol at waith Wittgenstein yn ei ysgrif 'Ontoleg Ffydd', *Diwinyddiaeth*, 20 (1969), 19–34, wrth iddo draethu'n feirniadol ar dermau Tillich megis 'Bod', 'llawr neu waelod Bod', 'ystyr Bod' ac ati.

[6] Jones, *Yr Argyfwng Gwacter Ystyr*, t. 12. Daeth i gredu bod y cysyniadau hyn, sef 'Iawn', 'Prynedigaeth' a 'maddeuant pechodau' wedi colli eu hystyr yn y Gymru gyfoes.

[7] Idem, 'Gwirionedd ac Ystyr', yn Dewi Z. Phillips (gol.), *Saith Ysgrif ar Grefydd* (Dinbych: Gwasg Gee, 1967), tt. 51–68 (t. 57).

[8] Ibid., tt. 65–6.

[9] Glyn Richards, 'Athroniaeth Crefydd Abertawe', *Efrydiau Athronyddol*, XL (1977), 45–63 (60).

[10] J. R. Jones, *Ac Onide: Ymdriniaeth mewn Ysgrif a Phregeth ar Argyfwng y Gymru Gyfoes* (Llandybïe: Llyfrau'r Dryw, 1970), t. 4.

[11] Ceir gwaith aeddfed Tillich ar yr athrawiaethu yn ei *Systematic Theology*, 3 cyfrol (Chicago: University of Chicago Press, 1951–63); am ymdriniaeth gytbwys â'u cynnwys, gw. J. Heywood Thomas, *Paul Tillich: An Appraisal*

(London: SCM, 1963). Mewn llythyr at yr awdur, 12 Ionawr 2016, gofynnodd Heywood Thomas, 'Oni ddywedodd Tillich fod athrawiaeth wedi achub Cristnogaeth er gwaethaf ei fformiwlâu?'

[12] Esboniodd hyn orau yn ei ysgrif 'Love as Perception of Meaning', yn Dewi Z. Phillips (gol.), *Religion and Understanding* (Oxford: Basil Blackwell, 1967), t. 142: 'How does it come about that the scientist is so sure that there are no mysteries – that all his problems which are in principle soluble, although he may not actually succeed in solving them? ... Questions which we are unable to answer are either problems as yet empirically insoluble or they are not genuine questions. This assumption at once empties the world of mystery.'

[13] Idem, yn J. E. Meredith (gol.), *Credaf: Llyfr o Dystiolaeth Gristionogol* (Dinbych: Gwasg Gee, 1943), tt. 101–16 (t. 108).

[14] Idem, *Religion as True Myth: Inaugural Lecture of the Professor of Philosophy delivered at the University College Swansea on 20 January 1953* (Abertawe: University College of Swansea, 1953), t. 4.

[15] Idem, 'Love as Perception of Meaning', t. 142.

[16] Idem, *Ac Onide*, t. 13.

[17] Idem, *Yr Argyfwng Gwacter Ystyr*, t. 2.

[18] Ibid., t. 7.

[19] Idem, *Religion as True Myth*, t. 5.

[20] Ibid.

[21] Idem, *Yr Argyfwng Gwacter Ystyr*, t. 6.

[22] Idem, 'Gwirionedd ac Ystyr', t. 65.

[23] Ibid., tt. 55, 56.

[24] Idem, 'Love as Perception of Meaning', t. 147.

[25] A. N. Whitehead, 'Religion Defined', yn idem, *Religion in the Making* (1926), ar gael ar y We, *http://alfrednorthwhitehead.wwwhubs.com/ritm1.htm* (cyrchwyd 22 Hydref 2015).

[26] J. R. Jones, 'Ann Griffiths', *Efrydiau Athronyddol*, XIII (1950), 38–42 (39).

[27] Idem, *Religion as True Myth*, tt. 7–8.

[28] Ibid., t. 9.

[29] Ibid.

[30] Ibid., t. 10.

[31] F. D. E. Schleiermacher, *On Religion: Speeches to Its Cultured Despisers*, cyf. J. Oman (Louisville, KY: Westminster/John Knox Press, 1994); idem, *The Christian Faith*, cyf. H. R. Mackintosh a J. S. Stewart (London and New York: T & T Clark, 1999).

[32] Yn ei ddarlithoedd arloesol *Das Wesen des Christentums*, esboniodd Adolf von Harnack mai cynnwys triphlyg oedd i Gristnogaeth, sef (1) Tadolaeth Duw a brawdoliaeth dyn; (2) Terynas Duw a'i dyfodiad; (3) dilyn y foeseg uwch (sef caru cymydog); gw. idem, *What is Christianity?*, cyf. Thomas Bailey Saunders (London: Williams and Norgate; New York: G. P. Putnam and Sons, 1901).

[33] Jones, 'Love as Perception of Meaning', tt. 152–3.

[34]   W. T. Pennar Davies, 'Absenoldeb ac Anallu', *Efrydiau Athronyddol*, XXXIV (1971), 12–16 (15). Dyfynna Pennar y bregeth 'Ac Onide'.

[35]   Jones, *Religion as True Myth*, t. 17.

[36]   Ibid., t. 16.

[37]   Idem, *Yr Argyfwng Gwacter Ystyr*, t. 14.

[38]   Ibid., t. 13; idem, *Ac Onide*, t. 12.

[39]   Idem, *Yr Argyfwng Gwacter Ystyr*, tt. 4, 13–14, 23–4; idem, *Ac Onide*, t. 12.

[40]   Dyfynnir yn W. T. Pennar Davies, 'Cyfaredd y "Cyfan" ym Meddwl J. R. Jones', *Efrydiau Athronyddol*, XXXV (1972), 17–23 (22).

[41]   Ibid.

[42]   Ibid.

[43]   Ibid., 23; gw. hefyd idem, 'Ontoleg Ffydd'.

[44]   Richards, 'Athroniaeth Crefydd Abertawe', 60.

[45]   Gealy, 'Ann Griffiths a'r Athro J. R. Jones', t. 129.

[46]   Nododd Glyn Richards, 'Athroniaeth Crefydd Abertawe', 60: 'Nid yw'n eglur i mi sut y gellir trafod holl grefyddau'r byd y modd hwn fel petaent yn gwbl amddifad o ddwyfoldeb a realiti Duw, ac yn glwm o goel ac ymarweddiad i gwrdd â babaneiddiwch dyn.'

[47]   Jones, *Yr Argyfwng Gwacter Ystyr*, t. 17; idem, *Ac Onide*, t. 16.

[48]   Idem, *Yr Argyfwng Gwacter Ystyr*, t. 18.

[49]   Idem, *Ac Onide*, t. 244.

[50]   Idem, *Yr Argyfwng Gwacter Ystyr*, t. 24.

[51]   Ibid., t. 25.

[52]   Gealy, 'Ann Griffiths a'r Athro J. R. Jones', t. 118.

[53]   Jones, *Yr Argyfwng Gwacter Ystyr*, tt. 25–6.

[54]   Ibid., t. 26.

[55]   Ibid.

[56]   Ibid., t. 6.

[57]   Ibid., t. 26.

[58]   Idem, yn Meredith (gol.), *Credaf*, tt. 101–16. Yn nhyb E. R. Lloyd-Jones, *Yr Athro J. R. Jones*, Cyfres Llên y Llenor (Caernarfon: Gwasg Pantycelyn, 1997), t. 13, 'mae'r cyfan a oedd gan J. R. Jones i'w ddweud yn ddiweddarach am argyfwng gwacter ystyr ymhlyg yn yr ysgrif hon.' Gw. hefyd J. R. Jones, 'Noddfa yn yr Archoll', *Y Traethodydd*, CXVII, rhif 504 (1962), 97–102.

[59]   Jones, *Religion as True Myth*, t. 26.

[60]   Davies, 'Cyfaredd y "Cyfan" ym Meddwl J. R. Jones', 20.

[61]   Gealy, 'Ann Griffiths a'r Athro J. R. Jones', t. 119.

[62]   Jones, *Religion as True Myth*, t. 27.

[63]   Ibid., t. 23.

[64]   Ibid., t. 24.

65 Ibid., t. 29.

66 Dewi Z. Phillips, *J. R. Jones*, Cyfres Writers of Wales (Cardiff: University of Wales Press, 1995), tt. 10–11.

67 Dyma farn D. Densil Morgan, *The Span of the Cross: Christian Religion and Society in Wales, 1914–2000* (Cardiff: University of Wales Press, 1999), tt. 229, 230.

68 Dyma feirniadaeth John Heywood Thomas mewn llythyr at yr awdur, 12 Ionawr 2016.

69 Lloyd-Jones, *Yr Athro J. R. Jones*, t. 12.

70 Davies, 'Cyfaredd y "Cyfan" ym Meddwl J. R. Jones', 23.

Y gwleidyddol a'r metaffisegol: pobl ac ysbryd yn athroniaeth J. R. Jones

Huw L. Williams

AMLYGIR CYFOETHOGRWYDD YSGRIFAU J. R. Jones ar wleidyddiaeth yn eu hiaith rymus, y darluniau Beiblaidd a llenyddol, ac yn fwy na dim yn y cysyniadau cymhleth ac amlweddog sydd yn eu britho. Yn y bennod hon ceisiaf fynd i'r afael â dau ohonynt, sef pobl ac ysbryd, o safbwynt cymharol. Y bwriad yw dadansoddi'r ddau er mwyn amlygu eu gwreiddioldeb a'u pwysigrwydd, ac ymhél â'r cysyniadau o safbwynt trafodaethau cyfoes athroniaeth wleidyddol Eingl-Americanaidd – a thrwy wneud hynny, amlygu sut y mae syniadau J.R. yn taflu goleuni beirniadol arnynt ac ar eu cyfyngiadau. Honnir bod cysyniadau J.R. yn cynnig safbwyntiau sydd yn her i'r drafodaeth ryddfrydol brif ffrwd, gan godi ystyriaethau sylfaenol am y modd y mae'r genedl yn cael ei thrafod.

Er mwyn cyflwyno'r elfen gymharol, yn y rhan gyntaf byddaf yn trafod y cysyniad o bobl yn athroniaeth wleidyddol John Rawls, athronydd pennaf y traddodiad Eingl-Americanaidd cyfoes, gan gyfeirio yn ogystal at gysylltiadau'r cysyniad hwn gyda syniadaeth y llesyddwr a'r rhyddfrydwr nodedig, John Stuart Mill. Yn yr ail ran, cynigir dadansoddiad o gysyniadau J.R. o bobl ac ysbryd cyn symud ymlaen at y drafodaeth feirniadol yn y casgliad. Yma yn benodol byddaf yn codi themâu yn y drafodaeth gyfoes am genedlaetholdeb, megis y cyferbyniadau rhwng y cyntafol (*primordial*) a'r modern, a'r ethnig a'r sifil, a sut y mae elfennau trosgynnol a metaffisegol – sydd yn hanfodol i waith J. R. Jones – yn cael eu neilltuo yn fwriadol. Rwyf am daflu goleuni ar derfynau'r trafodaethau cyfoes a'r hyn a ystyriaf yn wendidau o fewn safbwyntiau rhyddfrydol prif ffrwd, a thrwy hynny werthfawrogi o'r newydd ddisgleirdeb a dyfnder athroniaeth wleidyddol J. R. Jones.

Pobloedd John Rawls

Mae'r cysyniad o'r 'bobl' yn un sydd yn gyfarwydd iawn inni bellach mewn trafodaethau athronyddol a chyhoeddus, i'r graddau y gellir awgrymu ei fod yn un o'r rheini sydd bron wedi colli arwyddocâd penodol oherwydd ei hollbresenoldeb. Wrth i derm gael ei ddefnyddio mewn sawl cyd-destun gan amryw leisiau mae'r diffiniadau a'r dehongliadau yn lluosogi i'r graddau fod unrhyw ystyr creiddiol yn cael ei daenu'n denau, os nad yn diflannu. Teg dweud, fodd bynnag, fod y cysyniad o'r 'bobl' yn y dychymyg cyhoeddus (*the people*) yn cynrychioli awgrym o ryw elfen niwlog – sydd eto'n bwysig – o'r traddodiad democrataidd: mai'r 'bobl' yw poblogaeth gwladwriaeth neu genedl ar ffurf wleidyddol, sydd yn alluog i weithredu a mynegi ei hewyllys gyfunol o blaid neu yn erbyn rhywun, neu rywbeth (meddyliwn am yr awgrym, er enghraifft, fod y 'bobl' wedi datgan eu barn yn achos Refferendwm yr UE).

Ni fyddaf yn cwrso'r sgwarnog benodol honno yn y traethawd yma, yn rhannol oherwydd y byddai'n ein harwain ni ar drywydd na fyddai o reidrwydd yn caniatáu trafodaeth ystyrlon o gysyniad J.R. Am yr un rheswm, mae'n addas ymdrin ag un dehongliad penodol o'r cysyniad yn y llenyddiaeth gyfoes, sef gwaith John Rawls, oherwydd bod yr athronydd yma'n ceisio dehongliad mwy penodol a chyflawn sydd yn ymdebygu'n agosach i ymdrechion athronyddol J.R. i ymdrin â'r cysyniad (gyda'r fantais hefyd mai Rawls yw prif athronydd y traddodiad cyfoes Eingl-Americanaidd). Nid yw'r ymdriniaeth hon yn ymddangos, fodd bynnag, yn y testun a sicrhaodd statws oesol Rawls, sef *A Theory of Justice*. Yn hytrach, yn ei waith hwyrach ar wleidyddiaeth ryngwladol y datblygwyd y cysyniad ganddo.

Yn wir, os am ddeall mewn modd amrwd yr hyn sydd gan Rawls mewn golwg wrth lunio'r cysyniad, ni raid ond meddwl yn nhermau'r genedl-wladwriaeth gyfoes. Hynny yw, mae 'pobl' i Rawls yn gyfystyr â rhywbeth mwy sylweddol na'r cysyniad traddodiadol o unigolion y gymdeithas yn cyfuno i ffurfio un 'corff' sydd rywsut neu'i gilydd yn cydsynio (neu beidio) gyda'r wladwriaeth y maent yn rhan ohoni. I Rawls, mae 'pobl' yn cynrychioli'r corff gwleidyddol yn ei gyfanrwydd, gan gynnwys y gymdeithas sifil, ei chynrychiolwyr a'r sefydliadau hynny sydd yn eu rhwymo ynghyd. Sut y mae Rawls yn symud mor bell oddi wrth y cysyniad lleyg i'r syniad ehangach yma?

Mae a wnelo hyn yn benodol â'r ffaith fod Rawls yn cyflwyno ei gysyniad o bobl yng nghyd-destun ei driniaeth o wleidyddiaeth ryngwladol, yn y llyfr *The Law of Peoples*. Ei fwriad yw cynnig gweledigaeth foesol o gymdeithas ryngwladol er mwyn herio'r safbwynt realaidd, sydd yn hawlio nad oes lle i werthoedd yn y cyd-destun hwn, ac eithrio hunan-les. Honnir bod natur gwleidyddiaeth ryngwladol, lle nad oes sofran yn bod i ddominyddu a sicrhau cydweithrediad, yn esgor ar sefyllfa o anarchiaeth lle nad yw'n briodol nac yn realistig i feithrin unrhyw egwyddor ar wahân i amddiffyn buddiannau'r wladwriaeth.

Mae Rawls, yn dilyn traddodiad meddylwyr yr Ymoleuad megis Richard Price ac Immanuel Kant, yn honni y medrid annog y cysyniad o gytundeb cymdeithasol rhwng gwledydd a bod ffederasiwn byd-eang yn ymarferol. Yn wir, o safbwynt sicrhau hawliau unigolion yn y tymor hir, y mae'n angenrheidiol, oblegid fel arall bydd bygythiad rhyfel yn rhwym o danseilio'r hawliau hynny. O gymryd safbwynt felly, mae Rawls yn cydnabod yr angen i ystyried gwladwriaethau fel endidau sydd â'r gallu i gydweithredu ac adnabod yr anghenion hyn.

O'r angen yma i herio'r ddealltwriaeth draddodiadol o wladwriaethau y cyfyd y cysyniad o 'bobl'. Yn gyffredinol, awgryma Rawls fod yna draddodiad o ystyried y wladwriaeth fel endid sydd yn gweithredu yn ôl hunan-les, ac yn ychwanegol at hynny, yn meddu ar yr hawl i sofraniaeth absoliwt nad yw'n caniatáu ymyrraeth o unrhyw fath, a'r hawl yn ogystal i ryfela yn ôl ei dymuniad. Wrth ddatblygu cysyniad gwahanol o'r wladwriaeth fodern, felly, mae Rawls yn cyflwyno 'pobloedd' fel endidau sydd â chymeriad moesol sy'n ymrwymedig i gydweithio heddychlon.

Mae yna dair elfen sylfaenol sy'n nodweddu pobloedd, yn ôl Rawls (1999: 23): yn gyntaf, llywodraeth sydd yn gyfiawn ac sy'n gwasanaethu buddiannau cyffredinol yr endid cyfunol; yn ail, dinasyddion a gysylltir trwy 'gydymdeimlad cyffredinol'; ac, yn olaf, natur foesol. Mae'r elfen gyntaf yn sefydliadol, yr ail yn ddiwylliannol a'r drydedd yn normadol, gan ofyn ymrwymiad cadarn i'r cysyniad o gyfiawnder sy'n rhoi arweiniad i'r gymdeithas a'i ffordd o fyw. Gwêl fod y cysyniad, gyda'r tair elfen hyn, yn ymestyn tu hwnt i'r cysyniad lleyg o 'bobl' fel corff cyfunol o ddinasyddion (a gydnabyddir yn yr ail elfen ddiwylliannol), tuag at gyfundrefn wleidyddol (*polity*) sydd o dan reolaeth y boblogaeth ac yn gwasanaethu ei buddiannau. Ymhellach, mae ei natur foesol yn gofyn ei bod yn rhesymol ac yn rhesymegol, sydd yn ei galluogi i allu cydnabod anghenion pobloedd eraill a chydweithredu ar delerau teg.

Yn ddiddorol digon, mae Rawls yn awgrymu bod amrywiaeth oddi mewn i bobloedd o ran iaith, hanes a diwylliant yn aml iawn yn gofyn tipyn i geisio sicrhau'r cydymdeimlad cyffredinol sydd ei angen. Fodd bynnag, mae'n mynegi'r gobaith y bydd y gyfundrefn gyfiawn yn caniatáu, maes o law, y gallu i ymdopi gyda sefyllfaoedd o'r fath er mwyn ymateb i anghenion grwpiau o gefndiroedd ethnig a chenedlaethol gwahanol: bron fel petai'r gyfundrefn gyfiawn ynddi'i hun yn gallu adeiladu'r hanes cyfunol y mae ei angen i'w chynnal yn y tymor hir. Yn hynny o beth, mae'n debyg y byddai Rawls yn ystyried datblygiadau diweddar yn ei wlad ef yn ganlyniad i ddiffyg cyfiawnder: nid yw'r ymdeimlad o bobl a chydymdeimlad cyffredinol wedi datblygu'n ddigonol oblegid nad yw'r gyfundrefn yn mynegi sefyllfa ddigon cyfiawn o safbwynt y gwahanol grwpiau yn y gymdeithas.

Cyn symud ymlaen o'r diffiniad cryno yma o 'bobl' i drafod cysyniad J. R. Jones, mae'n werth olrhain cysylltiadau safbwynt Rawls gyda'r traddodiad rhyddfrydol ac yn arbennig syniadau Mill – yn rhannol oherwydd y bydd yn amlygu'r elfennau o wahaniaeth sydd rhwng Rawls a J.R., ac yn rhannol oherwydd ei fod yn codi agweddau dyrys ar y cysyniad o gydymdeimlad cyffredinol y mae Rawls yn eu hosgoi.

Mill

Mae Mill yn archwilio'r cysyniad o bobl a llywodraeth yn ei waith *On Representative Government* (1861). Yn gyffredinol mae'n bosib nodi bod ei ddefnydd o'r cysyniad o bobl yn awgrymu safbwynt sydd yn adlewyrchu ein dealltwriaeth draddodiadol yn hytrach na'r hyn y mae Rawls yn ei gynnig (sef defnyddio 'pobl' yn lle 'gwladwriaeth' i bob pwrpas). Hynny yw, mae Mill yn sôn am y bobl fel y grŵp hwnnw sydd yn ffurfio rhyw fath o gydweithrediad sydd yn gymwys (neu beidio) i fod o dan lywodraeth.

Y tueddiad yn yr ysgrif yw gogwyddo tuag at ddealltwriaeth 'ethnig' o'r cysyniad o bobl, wrth sôn am y bobl 'Almaenig' neu 'Wyddelig' neu'r bobl frodorol yn yr Unol Daleithiau. Ac eto mae yna ychydig o gymhlethdod sydd yn ei amlygu ei hunan wrth iddo drafod y cysyniad o 'genedligrwydd' oherwydd mae'n dangos nad yw 'pobl' o reidrwydd yn gysyniad sydd yn 'ethnig' bur. Hynny yw, mae'n nodi er enghraifft nad un bobl o'r un tras yw'r Eidalwyr, sydd yn awgrymu'r posibiliad fod y bobl yn gallu bod yn gyfuniad 'gwneuthuredig'. Yn y bôn, yr hyn sy'n bwysig o safbwynt Mill yw bod y bobl yn grŵp sydd yn *gymwys* i dderbyn, ac sydd yn *fodlon* derbyn grym llywodraeth; rhaid iddo ewyllysio'r wladwriaeth (a'r pwyslais yma ar ewyllysio'r wladwriaeth, debyg, sydd wedi gosod Mill yn ganolog o fewn y traddodiad 'dinesig' o genedlaetholdeb a drafodwn maes o law).

Mae trafodaethau Mill ar ba bobloedd sydd yn ddigon datblygedig, moesol a disgybledig yn amlygu nifer o agweddau Fictorianaidd hiliol ynghylch cymwysterau gwahanol bobl. Fodd bynnag, yn lle trafod yr agweddau yma'n fanwl, yr hyn sydd yn bwysig ac yn fwyaf perthnasol i'r traethawd yma yw'r ffordd y mae Mill yn datblygu'r cysyniad o 'genedligrwydd' y bobl – yn enwedig oherwydd fod Rawls ei hunan yn dibynnu ar y syniad o 'gydymdeimlad cyffredinol' sydd yn deillio o waith Mill. Yn y bôn nid yw Mill yn genedlaetholwr greddfol ond mae'n gweld yr angen i ffrwyno'r tueddiadau dwfn sydd ynom i goleddu'r fath syniad – er lles democratiaeth a'r hapusrwydd cyffredinol (yn unol â'i athroniaeth lesyddol).

Yn hynny o beth, mae'n bwysig i Mill fod cenhedloedd sydd yn datblygu yn gymwys i dderbyn llywodraeth gynrychioliadol, a dyma lle mae'r tyndra gyda'i ddaliadau am natur rhai 'pobloedd' yn bwysig. Oblegid, yn y pen draw, mae Mill yn gredwr mawr yn y safbwynt mai gwell yw aberthu bodolaeth rhai pobl ar draul y posibiliad o greu cenhedloedd blaengar, fel yr amlygir yn y dyfyniad enwog islaw. Yn y bôn, mae Mill (fel Rawls yn ei dro) yn credu mai hanes cenedlaethol sydd yn creu'r gynsail orau ar gyfer cenedl, er bod elfennau megis iaith, crefydd ac ethnigrwydd yn gallu bod o gymorth. Ond lle ceir cymysgedd o'r rhain, rhaid gwarchod yn erbyn caniatáu iddynt greu holltau, ac felly mae'r hanes cenedlaethol yn gofyn 'gomedd' rhai pobloedd o fewn y genedl:

Experience proves that it is possible for one nationality to merge and be absorbed in another: and when it was originally an inferior and more backward portion of the human race the absorption is greatly to its advantage. Nobody can suppose that it is not more beneficial to a Breton, or a Basque of French Navarre, to be brought into the current of the ideas and feelings of a highly civilized and cultivated people – to be a member of the French nationality, admitted on equal terms to all the privileges of French citizenship, sharing the advantages of French protection, and the dignity and prestige of French power – than to sulk on his own rocks, the half-savage relic of past times, revolving in his own little mental orbit, without participation or interest in the general movement of the world. The same remark applies to the Welshman or the Scottish Highlander as members of the British nation. (1991: 316)

Mae goblygiadau i hyn wrth gwrs o safbwynt Rawls. Yn y bôn, medrid dweud bod ei gysyniad yn debyg i un Mill yn yr elfen 'ddiwylliannol' – o ddinasyddion wedi'u huno gan gydymdeimladau cyffredinol – a'i fod yn cytuno mai'r elfen o hanes gwleidyddol cenedlaethol sydd bwysicaf er mwyn cynnal yr elfen ddiwylliannol yma. Mae'n *wahanol* wrth gwrs yn yr ystyr ei fod yn ymestyn y cysyniad o bobl i ddadleoli'r cysyniad o wladwriaeth, gan ymgorffori hefyd yr elfen sefydliadol o lywodraeth, a hefyd y pwyslais ar yr elfen foesol o bobl sydd wedi'i hymgorffori yn y syniad o ymrwymiad i gyfiawnder (yn fewnol ac yn rhyngwladol).

Ymhellach, yn groes i Mill, nid yw Rawls (yn nhraddodiad Lord Acton, cyfoeswr i Mill) yn gweld amrywiaethau yn faen tramgwydd yn yr un modd, ac nid yw'n cymryd yr un safbwynt ar bwysigrwydd unffurfiaeth. Yn wir, y pwyslais ar yr elfen foesol a'r ymrwymiad i egwyddorion y gymdeithas sydd fel petai'n ennill y ddadl i Rawls, a'r gobaith fod yr elfen hon yn drech ac yn gallu bod yn gynsail ar gyfer creu hanes gwleidyddol cenedlaethol ymhlith y bobl. Gellid dadlau bod sefyllfa'r UDA ar hyn o bryd yn adlewyrchu dinistr yr ymdeimlad o bobl unedig, pan yw'r ymdeimlad o anghyfiawnder yn rhemp.

Lle mae Mill yn delio gyda'r broblem o amlddiwylliannedd trwy awgrymu cymhathu rhai pobloedd, mae Rawls yn fwy gobeithiol am y syniad o gyd-fyw – gydag anghenion gwahanol grwpiau'n cael eu hadnabod a'u diwallu. Er hynny, nid gweledigaeth gwbl 'ddisylwedd' sydd gan Rawls o'r rhwymau hynny sy'n uno pobl amlddiwylliannol, wedi'i chyfyngu i deyrngarwch i hawliau yn unig. Mae'n cydnabod yr angen am 'ymdeimlad' a'r angen i berthyn a bod yn gartrefol mewn bywyd cyfunol, dinesig; hynny yw, fod y rhwymau sydd yn uno 'pobl' yn fater o'r hyn y gellir ei alw'n 'ysbrydol':

Leaving aside the deep question of whether some forms of culture and ways of life are good in themselves, as I believe they are, it is surely a good for individuals and associations to be attached to their particular culture and to take part in its common public and civic life. In this way belonging to a particular political society, and being at home in its civic and social world, gains expression and fulfillment. This is no small thing. (1999: 111)

Fodd bynnag, ni cheir cais gan Rawls i ymhelaethu ar yr elfen hon o berthyn a bod yn gartrefol.

J. R. Jones

Perthyn, a bod yn gartrefol yn y byd er mwyn gwasanaethu'r ysbryd dynol, yw craidd athroniaeth wleidyddol J. R. Jones – a'r bobl yw'r drigfan sydd yn cynnig gobaith i gyflawni hyn. Yn yr adran yma o'r bennod af ati i gynnig disgrifiad sydyn o'r cysyniad o bobl a'i berthynas ag elfennau eraill syniadaeth J.R. (er na fyddaf yn manylu yn ormodol oblegid y cyfraniadau mwy treiddgar sydd yn y gyfrol hon) – yn enwedig ei gysyniad o ysbryd. Yn ogystal â chynnig trafodaeth ynghylch y cysyniadau yma mewn cymhariaeth ag un edefyn o'r traddodiad Eingl-Americanaidd, rwyf yn braenaru'r tir ar gyfer y casgliad fod syniadau J.R. yn cynnig goleuni beirniadol ar rai o'r categorïau yn y traddodiad hwnnw, ac yn wir fod y drafodaeth ynghylch ysbryd yn arbennig yn mynd â ni i'r diriogaeth y mae Rawls fel petai yn ei chyrraedd, yn cydnabod ei bodolaeth wrth gymryd trem sydyn arni, cyn troi am yn ôl. Awgrymir bod dealltwriaeth J.R. o hanfodion ysbryd yn amlygu'r cymhlethdodau sydd ynghlwm yn rhagdybiaethau Rawls – ac sydd felly'n codi cwestiynau dyrys ehangach am athroniaeth wleidyddol ryddfrydol gyfoes.

Pobl a Chydymdreiddiad

Yn ei lyfr *Prydeindod*, wrth gwrs, y cyflwyna J.R. ei athroniaeth wleidyddol ar ei ffurf fwyaf cyflawn (os nad datblygedig – daw ambell agwedd i'r amlwg yn ei ysgrifau diweddarach). O ran y wedd wleidyddol, bwriad pennaf y gwaith yw dadansoddi a datgelu sut y mae'r wladwriaeth Brydeinig yn fygythiad einioes i Gymru. O ran y wedd athronyddol, pwrpas y gwaith yw cynnig dehongliad o hanfod cenedl a chenedligrwydd; hynny yw sut y dylem ddiffinio'r elfennau hynny sydd yn gwneud cenedl yn genedl, a sut y dylem ddeall sut y mae cenedl yn perthnasu i fywyd dynol, ac yn ei amlygu ei hunan fel cenedligrwydd yn ein bywydau bob dydd. Yng nghyd-destun y drafodaeth hon mae modd inni roi o'r neilltu y feirniadaeth o Brydeindod i raddau, gan ganolbwyntio ar yr elfennau cysyniadol (er, wrth gwrs, fod y feirniadaeth honno ynghlwm wrth y syniad na all Prydain fyth cynnig cartref cyflawn i'r Cymro).

Mwy hanfodol na'r cysyniad o genedl, i J.R., yw'r cysyniad o bobl. Mewn terminoleg gyfoes, buasai 'cenedl' J.R. yn cael ei ddeall yn nhermau'r 'genedl-wladwriaeth' oherwydd cenedl iddo ef yw pobl (neu, fe awgrymir weithiau, bobloedd) sydd wedi sicrhau gwladwriaeth iddyn nhw eu hunain. Clymir y bobl felly wrth y wladwriaeth, a phrif ddiben y wladwriaeth honno yw gweithredu dros fuddiannau'r bobl hynny, ac yn benodol gynnal eu hunaniaeth a'u harwahanrwydd. Mae gan y wladwriaeth rôl bwysig iawn yn y cyswllt yma o sicrhau bod y bobl yn parhau yn ymwybodol o bwy ydynt, yn fwy na dim trwy'r ymwybod hanesyddol. Ni all pobl fod yn wir hyderus fod modd cynnal eu hunaniaeth heb y gallu neilltuol yna sydd gan wladwriaeth i gynnal a chadw'r cof cenedligol. Nid yw'r pwyslais yma ar yr ymwybod hanesyddol gan J. R. Jones yn annhebyg i'r flaenoriaeth y mae Mill a Rawls yn ei rhoi i hanes, wrth gwrs.

Fodd bynnag, wrth inni ymdrin â'r cysyniad o bobl mae gwahaniaethau yn amlygu eu hunain. Amhosib ydyw gwneud cyfiawnder â syniad J.R. mewn ychydig eiriau, ond nid oes modd ei ddeall o gwbl heb sylweddoli bod y cysyniad o gydymdreiddiad iaith a thir yn gwbl ganolog iddo. Wrth drafod pobloedd, felly, mae Jones yn bell iawn o'r 'bobl' y mae Rawls yn ei ddefnyddio yn lle 'gwladwriaeth', ac yn agosach at Mill o safbwynt pwyslais hwnnw ar ethnigrwydd a grŵp sydd â nodweddion neilltuol. Yn sicr, dealla J. R. Jones bobl fel grŵp sydd â nodweddion neilltuol, sef yr iaith y maent yn ei siarad a'r tir y maent yn byw arno.

Ac eto, nid yr elfennau moel yma sydd yn greiddiol bwysig chwaith, ond y cysylltiad rhyngddynt. Perthynas trichlwm sydd mewn cenedl, rhwng gwladwriaeth, iaith a thir, ond wrth gwrs y *cydymdreiddiad* sydd yn digwydd dros gyfnod hanesyddol rhwng y tir a'r iaith sydd i J.R. yn nodweddu arwahanrwydd pobl. Yn y bôn, dyma'r gydberthynas rhwng datblygiad iaith a'r talp o dir lle y'i lleolir. Mae'n werth pwysleisio pa mor syml, ar un wedd, a chain yw cysyniadau J.R. o bobl a chenedl. Hynny yw, ni welir trafodaethau cymhleth a chymysglyd ynghylch amryw nodweddion y genedl gyfoes megis economi, crefydd, mytholeg, cyfraith, y wasg, agweddau goddrychol niwlog ac yn y blaen. Bwriad athronyddol J.R. yw adnabod yr hyn sydd yn hanfodol a digonol i genedl, ac iddo ef, iaith, tir a gwladwriaeth yw'r triawd neilltuol.

Wedi dweud hynny, rhaid pwysleisio yn ogystal gymhlethdod

y cysyniad canolog hwnnw o gydymdreiddiad iaith a thir sydd yn hanfodol bwysig o safbwynt natur elfennol pobl a chenedl (wele drafodaeth Steven Edwards yn y gyfrol hon am drafodaeth ddeheuig a dadlennol). Gwêl y cydymdreiddiad hanesyddol yma yn ei ffurf fwyaf concrit ac amlwg mewn enwau lleoedd a bro, ac yn ei ffurf wrthrychol ac ymarferol yn y gymuned ieithyddol sydd yn siarad yr iaith yn ei throedle benodedig, ond gwêl ei bwysigrwydd mwyaf sylfaenol yn ei fodolaeth yn ysbryd dyn, y man lle profir y cydymdreiddiad yn oddrychol gan bobl. Ac os mai yma, yn yr ysbryd, yr erys cydymdreiddiad yn sylfaenol, yna yn yr ysbryd y mae pobl a'r genedl yn bodoli. Fel yr amlygwyd gan Simon Brooks, dyma droi oddi wrth y gwyriad ffasgaidd, a gosod hanfod y genedl nid yng ngwaed yr unigolyn, ond yn hytrach yn ei ymwybod.

Ysbryd

Beth felly yw nodweddion yr 'ysbryd' hwn lle y coleddir cydymdreiddiad iaith a thir – ac felly'r genedl? O glywed y term efallai mai tueddiad y darllenydd cyfoes fyddai rhagdybio mai term i ddisgrifio'r enaid dynol, crefyddol ydyw, yn enwedig os canfyddir J. R. Jones fel pregethwr a diwinydd. Yn wir, mae ei honiad ynghylch yr hyn y mae'r ysbryd yn alluog i'w gyflawni yn awgrymu'r elfen ddwyfol. Cofier er enghraifft ei alwad i'r gynulleidfa tua diwedd *A Raid i'r Iaith ein Gwahanu?* (a ddilynir gan hanes y Proffwyd Jeremeia yn prynu'r 'tir diobaith'):

> Ai syniad gwag ac anghyfrifol ydyw 'gwneud yr amhosibl'? Nage, y mae wedi bod erioed – yn argyfyngau 'achub' gwareiddiad – yn her ag iddi gysylltiad â mawredd tufewnol ysbryd dyn …
> Na thwyller chwi; galwad yn ôl at warineb yw'r alwad i adennill y ffydd a gollwyd ym mawredd a menter ysbryd dyn – mawredd yr ewyllys i wneud yr amhosibl er mwyn cadw bychanfyd amhrisiadwy mewn bod.

Yn yr oes seciwlar sydd ohoni cyfyd ystyriaethau anodd ynghylch perthnasedd safbwynt cenedlaetholgar, neu unrhyw ddamcaniaeth wleidyddol yn wir, sydd ynghlwm wrth ragdybiaeth o'r dwyfol. Nid yw'r math yma o ragdybiaeth yn dirymu damcaniaeth yn ei chyfanrwydd i seciwlariaid wrth gwrs; gall rhywun gyfeirio at sawl athronydd adnabyddus, megis John Locke, sydd yn parhau'n ddylanwadol er y ddibyniaeth ar Dduw yn ei athroniaethau.

Ac eto, er bod Duw yn bresenoldeb amlwg yn ysgrifau J.R., mae yna resymau i gredu nad yw ei ddealltwriaeth o ysbryd yn un sydd yn gofyn dehongliad dwyfol, ac sydd yn agosach yn hynny o beth at y math o 'ysbryd' y mae G. W. F. Hegel yn ymdrin ag ef yn ei waith. Amlygir natur cysyniad Hegel yn awgrym golygydd y gyfrol hon y buasai 'meddwl' yn gyfieithiad llawn cystal ag 'ysbryd' o derm gwreiddiol yr Almaenwr, sef *geist*.

Wedi dweud hynny, buasai bodloni gyda chymhariaeth dwt o'r fath gyda Hegel yn anwybyddu elfennau pwysig a dyrys yn safbwynt Jones. Mae angen ceisio deall y rhain er mwyn gwir fynd at wraidd y cysyniadau o gydymdreiddiad, pobl a chenedl. I'w llawn ddeall rhaid treiddio'n ddwfn i elfennau ar fetaffiseg J.R., yn benodol ei ddealltwriaeth o'r cyflwr dynol a'i anghenion.

Un o'i ysgrifau Cymraeg cynnar yw 'Cenedligrwydd a Chrefydd', ac ynddi rhoddai gyfrif o'r genedl fel rhywbeth sydd â lle 'yn yr ewyllys, ac felly yn arfaeth a chynllun Duw'. Wrth drafod un o'i ddylanwadau athronyddol pennaf, Simone Weil, a'i thrafodaeth hithau ar anghenion sylfaenol dynoliaeth, mae J.R. yn dadlau bod angen ategu'r rheidrwydd sylfaenol o 'faeth' gyda'r anghenraid o 'angen am fyd'. Dywed Jones, 'Yn fyr, rhaid i gwmpasgylch profiad dyn – theatr ei fywyd – fod yn fyd. Cynneddf ar ddyn yw bod yn rhaid iddo wrth fyd cyfan yn fagwrfa.'

Down yn ôl at y cysyniad yma o fyd cyfan (y bychanfyd) yn y man, ond ystyriwn yn gyntaf ddisgrifiad J.R. o gyflwr bodolaeth. A dyma'i hanfod:

Eithr y mae i'n bywyd ddwy ffrâm ... – ffrâm gofod (space) a ffrâm amser (time). Gosodwyd ein corff dan gyfyngiadau pendant o fewn i'r rhain, sef o fewn i'w hyd a'i led mewn gofod, a rhwng pegynau ei eni a'i farw mewn amser. Eithr ... fe dyr ein hysbryd allan o'r gaeadell hon ac ymglywed ag annherfynoldeb y ddwy ffrâm.

Yn ôl Jones, felly, mae ein bodolaeth yn un sydd wedi ei nodweddu gan y corfforol a'r ysbrydol, a fframiau gofod ac amser yn gosod ffiniau arnynt. Yr hyn sy'n nodweddiadol o'r ail (ac sydd yn awgrymu mai'r 'meddyliol' neu 'ymwybyddol' sydd gan J.R. mewn golwg) yw bod modd iddo dorri allan. Hynny yw, mae gan yr ysbrydol yn achos dynoliaeth y gallu i dorri'n rhydd o'r presennol mewn gofod ac amser, ac i edrych yn ôl ac ymlaen, ac yn wir, i syllu arno'i hunan megis goddrych. Dyma'r hyn mae J.R. yn honni yw natur 'hunan-drosgynnol' ysbryd a dynoliaeth sydd yn nodweddu ein potensial am ryddid; ond nid yw'r gallu yma i dorri trwy ffiniau amser ac ymglywed â'r elfen annherfynol yn cynrychioli rhyddfreiniad, o anghenraid.

Yn wir, dyma'r llwybr at aflonyddwch, oherwydd o ganlyniad i'r hunandrosgyniant yma, 'ar fath o grwydr y mae ysbryd dyn mewn byd di-ffiniau, byd lle'r ymglywir â phosibiliadau pellach y tu hwnt i bob ffin'. O anghenraid felly, oblegid gallu'r ysbryd i'w drosgynnu ei hunan ac ymglywed ag annherfynoldeb gofod ac amser, daw'n wyneb yn wyneb ag argyfwng: 'fe'i bygythir yn wastad, fel petai, gan arswyd diddymdra, fe pe bai'n wastad ar fin darganfod nad oes i fodolaeth unrhyw ystyr'. Dyma hanfod y cyflwr dynol felly, un sydd wedi'i ddiffinio gan anghenion yr ysbryd i'w lonyddu ei hunan.

Yn wir, yn y testun *Troedle* mae J.R. fel pe bai'n awgrymu mai'r ysbryd yw'r cyfan, neu'r hanfod o leiaf i fodolaeth dyn, gan gymryd blaenoriaeth yn gyfan gwbl dros y corfforol: 'Eithr gan mai "ysbryd" yw dyn a bod yn rhaid iddo, i ddiwallu'r angen am ei leoli, wrth fwy na'r gofod sy'n union yng nghymdogaeth ei

gorff, rhaid deall ei "angen am fangre" fel "angen am fychanfyd".'
Yn fanylach na llonyddu'r ysbryd, yr her sydd yn ein hwynebu ac
sy'n gofyn cael ei ateb, os ydym am fod yn gartrefol yn y byd, yw
sicrhau bodolaeth sydd nid yn unig, ac o anghenraid, yn cynnig
gofod a lle i'r corff, ond sydd yn cynnig cartref i'r ysbryd.

Ac felly, er ein bod, yn ein ffurf ymgorfforedig, yn gofyn lle
i fyw, nid yw hynny'n ddigonol ar gyfer yr ysbryd. Mae'r bod
dynol, yn gyfuniad o gorff ac ysbryd, yn gofyn lle yn y byd sydd
â chyfuniad o'r daearyddol a'r ysbrydol i'w ddiwallu. Pa le fydd
hwn?

> Ar y gwaelod isaf, cynefin daearol neu ddaearyddol a fydd hwn.
> Ond fe ymgyfrodedda ei weddau daearyddol â gweddau dynol. Fe
> red rhwydwaith cyfathrach dyn â dyn drwy drwch ei rwydwaith
> o fryniau a chymoedd a chreigiau a choed. A chyfrwng pwysicaf
> y gyfathrach ddynol yw iaith, nid unrhyw iaith, wrth gwrs, ond
> mamiaith y tir.

Fe ymglymwyd bröydd 'â'n hiaith hen nes eu trwytho ag
arwyddocâd a'u gwna'n **grud i'n hysbryd** yng ngwagfod gofod'.
Yr ateb felly i'r cyflwr dynol arswydus sydd yn bygwth gwacáu
ein bywydau o unrhyw sylwedd neu ystyr yw cydio yn yr elfen
ysbrydol all gynnig ystyr inni. Rydym yn ymbalfalu 'am drac oesol
y medr ef sefyll yn ymwybodol ynddo ... am drac oesol yn ei gof'.
Mewn geiriau eraill, 'angen am fychanfyd (microcosm) ydyw, am
fyd wedi ei gronni allan o fôr digeulan posibiliadau bodolaeth'.
Awn nesaf ar drywydd y cysyniad yma o fychanfyd (sydd yn ei
hanfod yn fychanfyd ieithyddol) a'i gysylltiad â'r cysyniadau o
bobl a chenedl.

Bychanfyd
'Crynhoad o gynnwys y byd ydyw. Ac yn ymwybyddiaeth
aelodau'r bychanfyd y bydd y crynhoad.'

Y gwastad ysbrydol sydd yn nodweddu'r bychanfyd, felly, ac
mae ei gyflawnder, o fod yn 'cynnwys y byd', yn hanfodol wrth
geisio deall pam mai'r genedl, yn hytrach nag unrhyw gyfundrefn
arall, sydd yn ei gynrychioli. Ni fydd modd i'r ysbryd fod yn
gartrefol o fewn teulu, neu fro, neu o fewn y gymdeithas fyd-
eang yn unig, oherwydd mai dim ond y genedl sydd yn cynnig y
cyfle i'r ysbryd fod yn gartrefol yn ei hunandrosgynoldeb:

> Ni thâl i'r bychanfyd y ceisiwn ynddo loches rhag diddymdra droi
> yn garchar ar bosibiliadau hunan-drosgynoldeb yr ysbryd. Canys o
> gyfyngu ar y posibiliadau hyn, fe gyfyngir ar alluoedd dyn i greu.
> Ei ymglywed â phosibiliadau pellach ymhob sefyllfa feidrol a'i
> gwnaeth yn grëwr ei wareiddiadau.

Yn hytrach, rhaid ceisio sicrhau angorfa mewn amser sydd yn
gymesur gyda chyflawnder yr ysbryd.

Rhaid i fychanfyd dyn, felly, fod yn fath o grynhoad o'i
gyflawniadau creadigol ac o ymehangiad ei ysbryd dros y
canrifoedd. Golyga hyn fod yn rhaid iddo 'ymglywed â sefyll,
yn llif amser, o fewn i drac a fydd yn rhychwantu'r oesoedd.
Eithr amlwg yw nad oes ar ein cyfer drac o'r fath ond y trac y
safwn ynddo yn ein gwahanrwydd cenedligol, trac gorffennol
oesol ein cenedl.' Yr hyn y mae'r genedl yn ei ganiatáu inni
fel bodau ysbrydol yw adnabod pwy ydym 'yn Amgylchfyd
yr Oesoedd' gan ganiatáu inni dystion i'r sawl yr ydym. Heb
yr ymwybod hanesyddol yma mae pobloedd yn anwariaid ym
marn J.R.

Mewn ymateb i'r honiad mai hanes dynoliaeth gyfan, yn
hytrach na hanes un genedl, fyddai'n caniatáu inni sefyll yn
fwyaf ymwybodol o fewn hanes, dadleua mewn modd trwyadl
Hegelaidd nad oes modd gwybod pwy ydym heb fod yn
ymwybodol o'r arall. 'Ni fedrwn ymglywed â pherthyn heb
wybod am bosibilrwydd peidio â pherthyn – heb ymglywed,

hynny yw, â'r cyferbyniad rhwng bod y tu mewn i'r berthynas a bod y tu allan iddi.' Dim ond trwy gyferbynnu gyda'r tu allan y gallwn ymglywed â'r tu mewn – y berthynas rhyngom ac eraill. Heb y tu allan ni theimlwn ein bod ni oddi fewn i unrhyw beth. Noda J.R. mai dim ond trwy greu'r ffantasi o fygythiad o'r gofod y mae modd creu 'nynïaeth' dynoliaeth (tybed sut y byddai J.R. wedi ymateb i'r honiad fod yr argyfwng amgylcheddol bellach yn gofyn am elfen gref o'r 'nynïaeth' yma, os ydym am ymateb i'r bygythiad a gyfyd ohonom ni ein hunain?).

Yn yr un modd ag y gwelwn mai ysbryd sy'n nodweddu dyn, a'i fodolaeth mewn amser, gwelwn mai mewn hanes, trwy amser, y mae'r genedl, Cymru, yn ei nodweddu ei hun fel bychanfyd: 'O safbwynt gofod, tafell o wyneb y ddaear yw Cymru ond yn nimensiwn amser crynhoad o'r byd ydyw – crynhoad o gyraeddiadau ysbryd dyn i lawr y canrifau.' Mae iddi sail faterol, ond yr hyn a ddigwyddodd arni, trwyddi ac mewn cydberthynas â hi sydd yn gyfrifol am ei hunaniaeth: 'Ar y dafell hon o ddaear fe ddistyllodd y canrifau allan o ddeunydd cyraeddiadau'r ysbryd fychanfyd anghyffelyb yn cario ei gof anghyffelyb ei hun.' Ac wrth gwrs, yr hyn sydd yn llestr i'r cof yma, ac sydd yn diffinio'r bychanfyd, yw'r iaith. Ac oblegid mai yn yr iaith y saif y genedl, byddai colli honno yn '[g]olli un crynhoad o'r byd sydd (fel pob un arall, wrth gwrs) yn anghyffelyb ac anadferadwy'.

Cyn troi at y casgliad, dylid nodi nad ystyriaethau metaffisegol, astrus yng ngwaith cynnar J.R. oedd y rhain, a ddiflannodd rywsut wrth iddo ymgymryd yn fwy ymarferol â'r cwestiynau o Gymru, Prydeindod ac iaith. Prawf o barhad y themâu yma, a'r modd y bu iddynt drwytho ei safbwyntiau dilynol, yw'r ffaith fod themâu gofod ac amser, yr ymgorfforedig a'r ysbrydol, a'r berthynas rhyngddynt, yn brigo i'r wyneb hyd yn oed yn ei ysgrif wleidyddol ddiwethaf, *Yr Ewyllys i Barhau*. Dywed am wahanrwydd cenedl mai:

Gwe o glymau ydyw … Ac y mae'r gwe yma o glymau yn clymu mewn dau ddimensiwn. Drwy greu cymuned weledig ar ddarn diffiniedig o ddaear, y maent yn clymu yn nimensiwn gofod y byd. Ond y maent yn clymu hefyd mewn ffordd arall, sef yn nimensiwn ysbryd neu gof y Bobl. Nid y cof 'hiliol' bondigrybwyll mo hwn, ond y cof oesol cenedligol, cof iaith y Bobl. Gellir gweld y ddau ddimensiwn fel dau fath o ofod – 'gofod y byd' a 'gofod yr ysbryd'. A medrwn ddweud, felly, mai bodoli'n rhannol yng ngofod y byd ac yn rhannol yng ngofod yr ysbryd y mae gwahanrwydd cenedl.

Mewn ffaith, gyda'r sôn am 'we o glymau' dyma ddatganiad cryno a syml o gydymdreiddiad, er nad yw'n defnyddio'r term. A'r cydymdreiddiad hwn rhwng gofod y byd, sef tir, a gofod yr ysbryd, sef iaith, sydd wrth gwrs yn diffinio pobl yn ôl damcaniaeth J.R. Er bod y datganiad yma'n un gweddol syml, gwyddom o'r drafodaeth uchod fod y cysyniad yn sefyll mewn perthynas â dealltwriaeth ddyrys o'r natur ddynol, ac mai'r cydymdreiddiad hwnnw sydd yn cynnig yr unig obaith, ym marn J.R., i'r ysbryd dynol lonyddu a ffeindio crud iddo'i hunan. Y genedl, drwy warchod y bobl, a sicrhau na fydd hi'n cael ei cholli i ddifancoll, yw'r amddiffyniad gorau sydd gennym yn wyneb y bygythiad o wacter ystyr yn y fodolaeth ddynol.

Casgliadau

Yn yr adran olaf yma hoffwn ddwyn ynghyd rai sylwadau ar waith J.R. gan ddefnyddio'r modd cymharol, a thrwy hynny amlygu ymhellach yr elfennau rheini yr wyf yn eu hystyried yn neilltuol a gwerthfawr yn ei waith. Awgrymaf yn gyntaf fod safbwyntiau Rawls a Mill fel ei gilydd yn rhai sydd yn gwrthod y safbwynt cyntafol ar genedlaetholdeb, a thrwy bwysleisio'r cysyniad o hanes gwleidyddol cyfrannol yn ymrwymo'n amlwg i'r syniad modern – lle mae natur gyntafol pobloedd J.R., ac eto ei ymlyniad at y wladwriaeth yn ei gysyniad o genedl, yn cynnig safbwynt gwreiddiol, anodd i'w gategoreiddio. Mae'r pwyslais ar gydymdreiddiad â iaith yn arwain at y rhagdybiaeth mai safbwynt ethnig a goleddir gan J.R., ond ceisiaf ddangos sut y mae ethnigrwydd yn gysyniad problematig yng nghyswllt iaith, tra bo safbwynt Mill, er enghraifft, yn ymddangosiadol ddinesig ac agored ond mewn gwirionedd yn milwrio yn erbyn rhai pobloedd wrth geisio sicrhau 'cydymdeimlad cyffredin'. Er nad yw safbwynt Rawls yn gymhathol, af ymlaen i awgrymu bod ei ymdriniaeth o'r 'cydymdeimlad cyffredin' yma yn anghyflawn ac yn amlygu'r problemau sydd gan y rhyddfrydwr modern wrth iddo geisio rhoi cyfrif am yr elfen drosgynnol yna a all dynnu pobl at ei gilydd. Daw syniadaeth J.R. ynghylch pobl a chenedl o ymdriniaeth uniongyrchol o'r trosgynnol ar y llaw arall, ac ymgais i amlygu'r bychanfyd sydd yn uno pobl. Arweinia'r awgrym yma at ergyd olaf a phwysicaf y ddadl, sef bod dealltwriaeth o waith J.R. yn datgelu bod hanfodion metaffisegol yn gwbl ganolog i'w athroniaeth wleidyddol, a lle mae athroniaeth ryddfrydol gyfoes yn wynebu problemau wrth geisio neilltuo'r hanfodion yma, fe saif cenedlaetholdeb J.R. yn amlwg ar sail y cysyniad mai ymateb i anghenion mwyaf dwfn yr ysbryd dynol a wna'r genedl.

Cyn perthnasu cysyniadau J.R. i'r drafodaeth gyfoes ar athroniaeth wleidyddol, hoffwn nodi un goblygiad posib wrth gyflwyno'r genedl fel yr endid sydd yn alluog i wreiddio'r unigolyn a llonyddu'r ysbryd yn wyneb argyfwng gwacter ystyr. Nid wyf yn gymwys i drafod y materion yma mewn unrhyw fanylder, ond ymddengys fod tensiwn yn codi o safbwynt uniongrededd Cristnogol pan fo athronydd a diwinydd megis J.R. yn cynnig thesis o'r fath. Awgrymaf hyn oherwydd fy rhagdybiaeth y byddai sawl Cristion yn gweld yr ateb i anesmwythder ysbryd a gwacter ystyr yn gorwedd mewn ffydd grefyddol, Iesu Grist a'r Duwdod, a'r cysyniad o'r bywyd tragwyddol y mae'r bywyd meidrol yn rhagymadrodd iddo. Cyfyd mwy o gwestiynau i'r Cristion nag i'r anffyddiwr, awgrymaf, o safbwynt syniadau gwleidyddol J.R., oblegid digon ymddangosiadol hawdd ydyw i'r anffyddiwr dderbyn thesis J.R. – trwy wrthod yn unig y syniad mai Duw sydd wedi ewyllysio'r genedl. Gall y genedl ymateb i anghenion ysbryd yr unigolyn, heb iddi fod yn ganlyniad i weithred ddwyfol. Ymddangosiadol anos ydyw i'r Cristion flaenoriaethu'r genedl fel llestr iachawdwriaeth ysbrydol.

Ond cyn imi golli'r trywydd gyda'r hapddamcaniaethu yma, trof at y cwestiynau mwy diriaethol ynghylch syniadaeth J.R. a'r trafod cyfoes. Gyda golwg ar syniadau Rawls a Mill, dadansoddaf yn eu tro: y rhaniad rhwng y genedl fodern a'r genedl gyntafol; y rhaniad rhwng cenedlaetholdeb dinesig a chenhedlig; y trosgynnol a'r angen am 'gydymdeimlad cyffredin' – sydd yn arwain at gwestiynau sylfaenol am y rhaniad rhwng y gwleidyddol a'r metaffisegol. Yn y lle cyntaf, ystyriwn ddamcaniaethau ynghylch y genedl, a'r modd y mae tri safbwynt adnabyddus wedi eu hamlygu eu hunain mewn trafodaethau mwy diweddar.

Damcaniaethau am y Genedl

Y cyntaf yw'r cyntafol, sydd yn ystyried y genedl yn endid sydd â gwreiddiau hynafol ac sydd yn datblygu'n organig o fod yn grwpiau ethnig i fod yn genhedloedd. Rhydd bwyslais yn aml ar elfennau o hunaniaeth megis achau, gwreiddiau tiriogaethol ac iaith. Ar y pegwn arall, ceir y cysyniad modern sydd yn ystyried y genedl yn ffenomenon a amlygodd ei hun rhwng yr unfed ganrif ar bymtheg a'r ddeunawfed ganrif, a'r broses hon yn ymrwymedig i'r gymdeithas ddiwydiannol a datblygiad y wladwriaeth. Roedd y fframwaith yma wedi creu cyfraith a dinasyddion, a thrwy addysg ac iaith gyffredin datblygodd diwylliant torfol y genedl ac ymwybyddiaeth genedlaethol. Ceir categori arall nad yw'n derbyn cymaint o sylw, sef yr 'ethno-symbolwyr' sydd yn gosod pwyslais ar y broses o gyfnewid syniadau a symbolau rhwng yr elît a'r bobl, ac o'r herwydd rhydd sylw arbennig i ddatblygiadau hanesyddol mewn tueddiadau cymdeithasol a diwylliannol.

Mae'n bur debyg nad oes modd disgrifio'r un ddamcaniaeth

gan feddyliwr unigol fel un sydd yn ffitio'n daclus o fewn un o'r categorïau yma. Fodd bynnag, yr hyn sydd yn nodweddiadol o syniadaeth J.R. yw'r ffordd y mae'n anhrefnu ac yn tarfu ar y tri mewn modd sydd yn peri iddynt golli eu 'gafael' dadansoddol. Ymddengys mai'r safbwynt cyntafol sydd yn adlewyrchu'n fwyaf amlwg agwedd J.R. oblegid y pwyslais hanesyddol a'r syniad o ddatblygiad organig. Yn wir, dyma'r safbwynt a gysylltir gyda'r athronydd J. G. Herder y mae J.R. yn ei ddyfynnu ar ddechrau *Prydeindod*, ac sydd, fel J.R., yn pwysleisio'r syniad o ysbryd y bobl a fynegir drwy ei diwylliant. Ac eto, ceir ymgais amlwg i ymbellhau oddi wrth bwysigrwydd hil ac achau yn benodol oherwydd ei bryder am y gwyriad ffasgaidd.

Hynny yw, nid yw cenedl yn dod i fodolaeth yn ôl syniadaeth J.R. oni bai am y wladwriaeth; pobl gyda dichonolrwydd cenedl ydynt hyd y pwynt yna. Yn groes i Herder, oedd i bob pwrpas yn cynnig y ddadl dros 'Genedl Almaenig' er gwaetha'r diffyg gwladwriaeth unedig, ni wêl Jones unrhyw genedl heb fodolaeth y wladwriaeth. Heb y clymau sydd rhyngddi ac iaith a thir, nid oes modd i'r bobl sicrhau ei pharhad ac felly mae cysyniad J.R. o genedl yn gyfuniad amlwg o'r cyntafol a'r modern. Yn wahanol i'r safbwynt modern, fodd bynnag, nid yw cenedl J.R. yn gofyn am dechnegau a thaclau modernrwydd er mwyn creu sylwedd y genedl – mae hynny eisoes yn bodoli yng nghydymdreiddiad iaith a thir. Mae dichonolrwydd y genedl yn bodoli yn y bobl, cyn y wladwriaeth, yn groes i'r damcaniaethau 'modern', megis rhai Rawls a Mill, sydd yn gweld bod sylwedd y genedl yn cael ei greu trwy gyfraith, addysg, dinasyddiaeth, diwylliant torfol a'r hanes gwleidyddol sy'n cael ei nodweddu gan y sefydliadau cyfrannol. Ac er gwaethaf pwyslais yr ethno-symbolwyr ar yr elfen 'ymwybyddol' neu ysbrydol yn nhermau J.R., mae'r prosesau gwneuthuredig, elitaidd sydd eto'n gysylltiedig gyda'r oes fodern yn y pen draw, yn methu gwneud cyfiawnder â'r modd y mae J.R. yn dychmygu datblygiad y bychanfyd, crud yr ysbryd, dros y canrifoedd yn ymwybyddiaeth y bobl. Hynny yw, nid endid gwneuthuredig mohoni sydd yn gofyn taclau a symbolau ac ymyrraeth elitaidd i greu ymwybod o'r genedl; mae yno yn barod yn y broses hanesyddol o gydymdreiddiad ac yn gofyn dim ond cragen y wladwriaeth i'w hamddiffyn a'i gochel. Yn wir, o ran yr elfen fodern sydd mor ganolog i nifer o ddamcaniaethau ar genedligrwydd, mae'n anodd gwadu na fyddai Cymru Hywel Dda yn genedl o fath yn ôl yn y ddegfed ganrif, yn ôl damcaniaeth J.R.

Cenedlaetholdeb Cenhedlig a Dinesig

Mae cysyniadau J.R. yn tynnu sylw yn ogystal at fylchau neu densiynau yn y modd y mae trafodaethau ynghylch cenedlaetholdeb yn troi o gwmpas categorïau y cenhedlig a'r dinesig. Tra bo'r safbwynt cenhedlig yn tueddu tuag at yr un nodweddion â'r ddamcaniaeth gyntafol (hil, tras, achau), mae'r safbwynt dinesig, y mae Mill a Rawls yn gynrychiolwyr ohono, yn gosod sail y genedl yn y nodweddion modern (cyfraith, gwladwriaeth, hawliau, sefydliadau, dinasyddiaeth, a'r weithred o ewyllys). Nid peth newydd yw tynnu sylw at y diffyg bwlch sydd wedi bodoli rhwng y ddau yn hanesyddol (sef bod nifer o genhedloedd honedig 'ddinesig' wedi parhau'n 'genhedlig' eu harferion), ond mae myfyrio ar natur damcaniaeth J.R. yn amlygu'n effeithiol dros ben union natur y ddeuoliaeth gyfeiliornus honno. Oblegid y nodwedd fwyaf dadleuol wrth ymdrin â'r safbwyntiau yma yw iaith.

I J.R., trwy gyfrwng cydymdreiddiad a ffurfiant y bychanfyd, daw iaith yn gwbl hanfodol i'r genedl, ac i nifer dyma osod ei syniadaeth o fewn ffrâm y safbwynt cenhedlig, gydag iaith yn yr un categori â hil a thras. Dyma safbwynt, wrth gwrs, sy'n cael ei ddefnyddio i ddilorni mathau ar genedlaetholdeb, yn enwedig yn yr Alban a Chymru, lle mae'r 'sarhad' o genedlaetholdeb ethnig yn cael ei daflu hyd syrffed at yr SNP a Phlaid Cymru. Wrth gwrs, yr hyn a anwybyddir gan y sawl sydd yn gwneud hyn yw bod iaith yn cael ei defnyddio yn un o ofynion dinasyddiaeth gan genhedloedd sydd yn eu cyflwyno eu hunain fel rhai dinesig, megis yr UDA a'r DG. Mae'r rhesymau weithiau yn ymddangosiadol wahanol, gyda rhai yn pwysleisio'r pwysigrwydd ffwythiannol ac ymarferol dros yr elfen ysbrydol, ond mae'n angenrheidiol dysgu'r iaith, beth bynnag yw'r rhesymeg.

Yn achos syniadaeth J.R., wrth gwrs, dymuniad y cenedlaetholwr Prydeinig fyddai lladd ar y ddamcaniaeth fel un ethnig sydd yn gosod terfynau ar y gymdeithas Gymraeg ac sydd yn gul ei gorwelion. Byddai hyn yn anwybyddu, wrth gwrs, resymau teilwng, ysbrydol J.R. dros arddel iaith, ond byddai hefyd yn anwybyddu'r ffaith fod y wladwriaeth Brydeinig ag agwedd llawer mwy cymhathol at iaith nag unrhyw gymuned Gymraeg, na J.R. yn hynny o beth (cofier ei ddadl yn *A Raid i'r Iaith ein Gwahanu* mai adennill cariad at yr iaith, yn hytrach na gorfodi pobl i'w dysgu, sydd bwysicaf – yn y tymor byr o leiaf). Yr un mor hawdd fyddai disgrifio safbwynt J.R. fel cenedlaetholdeb ddinesig, drwy ddweud mai'r iaith yw'r hyn y byddai'n rhaid i unrhyw ddinesydd Cymreig dyngu llw iddi.

Ceir yn ogystal agwedd arall ar y safbwynt dinesig yn ymhlyg yn safbwynt J.R., sydd yn ein hatgoffa yn ogystal o bwyslais Mill ar ei syniad fod angen i'r bobl fod yn barod i lywodraethu. Hynny yw, pwysleisir yn aml y cysyniad o ewyllys yn y traddodiad dinesig, yn tarddu o osodiad Renan am y 'bleidlais ddyddiol' sydd yn sail i'r genedl. Mae ymrwymiad at yr iaith, yn achos J.R., ynddo'i hunan yn weithred o ewyllys, wrth gwrs, ond yn ddyfnach na hynny mae J.R. yn trafod y syniad o'r Cymry yn ewyllysio bod yn genedl. Yn *Yr Ewyllys i Barhau*, trafoda pa mor bwysig, ond annhebygol, yw hi fod pobl Cymru yn dyheu am fod yn genedl. Un o'i resymau pennaf dros adfer yr iaith yw ei rôl hanfodol wrth achub y Cymry rhag difancoll. I J.R., ni ddaw annibyniaeth trwy weithio tuag at wladwriaeth sofran a fydd wedyn yn achub yr iaith; ni ddaw gwladwriaeth sofran ond trwy weithred ewyllys, ac ni all ddigwydd ond drwy i'r Cymry ymglywed â 'chynddaredd eu gwahanrwydd' gan garu eu hiaith a'u bychanfyd unwaith eto.

Cydymdeimlad Cyffredin a'r Trosgynnol

Ar y cyfan, gwelwn fod Rawls, gyda'i gysyniad o bobl, yn tueddu mwy at yr hyn a fyddai'n cael ei ddisgrifio (yn gam neu'n gymwys) fel syniadaeth fodern, ddinesig ynghylch y genedl yn yr ystyr fod y wladwriaeth yn hanfodol iddi, a hefyd oherwydd iddo osgoi unrhyw bwyslais ar hil a thras, gan bwysleisio yn hytrach y cysyniad o 'gydymdeimlad cyffredin'. Ac eto, nodwyd nad cysyniad hawdd mo hwn, a bod cydymdeimlad cyffredin yn rhywbeth y mae Rawls, yn debyg i Mill, yn credu y bydd yn cael ei fagu drwy ymdrech hanesyddol gydweithredol. Ei obaith yw y bydd cof am yr ymdrech gyfrannol yma, yn ogystal â'r buddiannau sydd yn deillio o fywyd cyfunol y wladwriaeth, yn magu'r ymdeimlad o berthyn. Bregus yw'r gobaith yma ar y mwyaf, ac wrth fynd i'r afael â chysyniad J.R. o ysbryd mae rhywun yn gweld yr hollt yn agor rhwng y ddau safbwynt.

Yr un yw'r pwnc yn y bôn, sef beth yw natur y gydberthynas o fewn pobl neu genedl, gyda Rawls yn rhoi ei ffydd mewn cysyniad o hanes cyfrannol a sefydliadau llwyddiannus. Gellid dadlau bod J.R. hefyd yn rhoi pwyslais ar hanes, ond wrth gwrs mae'r cysyniad ysbrydol o gydymdreiddiad y mae'n ei weld fel hanfod cenedl, a'r bychanfyd y mae'n ei gyfleu, yn cynnig deunydd tipyn mwy sylweddol o safbwynt ceisio'r elfen drosgynnol yna sydd yn mynd i weu poblogaeth at ei gilydd. Wrth gwrs, problem sylfaenol Cymru yw bod pedwar allan o bump o'i thrigolion wedi eu hysgaru oddi wrth yr iaith, sydd yn cwtogi ar ei grymuster trosgynnol.

Wrth berthnasu'r safbwynt Jonesaidd i wahanol gyd-destunau mae cwestiynau dyrys yn codi (yn ogystal â'r cwestiwn ai bwriad

Jones oedd cynnig damcaniaeth gyffredinol, neu ai dadansoddiad mwy penodol o gyflwr Cymru oedd ganddo mewn golwg?). Er enghraifft, ystyrir lleoliadau lle nad oes i'r iaith yr un hanes estynedig ar draws yr oesau yn ei chydymdreiddiad gyda'r tir (megis yr UDA) neu lle mae'r iaith wreiddiol wedi ei thaenu mor denau fel ei bod yn gywirach ystyried yr iaith orchfygol fel yr hyn sydd bellach yn grud i'r ysbryd (megis yn Iwerddon, dyweder). Oes yna derfynau fan hyn i ba mor gyffredinol y gall syniadaeth J.R. fod? O geisio ei pherthnasu'n ehangach cyfyd cwestiynau diddorol ynghylch pobloedd ar draws y byd, yn enwedig yn y gwledydd ôl-drefedigaethol lle mae gwahanol grwpiau ieithyddol (neu bobloedd yng ngolwg J.R.) yn bodoli o dan gyfundrefnau gwladwriaethol maith. Onid yw safbwynt J.R. yn awgrymu mai'r peth doethaf o safbwynt yr ysbryd dynol yw sicrhau gwladwriaethau ar gyfer y grwpiau hyn oll? Sut felly y mae ymdopi gyda'r ffaith y bydd yna leiafrifoedd ieithyddol yn bodoli bron yn ddieithriad oddi mewn i ffiniau cenhedloedd felly?

Y Metaffisegol

Yn ogystal â distyllu'r elfen drosgynnol honno, sydd i fod yn lud i'r wladwriaeth, i'r cysyniad o briod iaith, mae J.R. hefyd yn taflu goleuni nid yn unig ar freuder cysyniadau megis 'hanes gwleidyddol', ond yn tynnu sylw yn ogystal at y bwlch metaffisegol sydd yn amlwg yn y ddisgwrs gyfoes ynghylch y genedl. Hynny yw, awgrymwyd yn gynharach fod Rawls yn mynd mor bell â datgan bod y genedl yn rhywbeth sydd yn gynhenid dda, lle y gall yr unigolyn deimlo'n gartrefol. Ond nid aethpwyd ymhellach gyda'r datganiad hwnnw.

Yn wir, nid yw athroniaeth gyfoes Rawlsaidd (nac athroniaeth Jurgen Habermas, athronydd dominyddol arall ein hoes) yn caniatáu hynny, oblegid mae'r rhaniad rhwng y gwleidyddol a'r metaffisegol yn hanfodol bwysig iddo. Wrth geisio ymgodymu â lluosogrwydd y gymdeithas fodern a'r gwahanol safbwyntiau ar y da, awgryma Rawls mai'r peth rhesymegol yw cydnabod y nifer ddiddiwedd o safbwyntiau moesol dilys, ond gwada eu bod yn dir diogel i seilio ein gwerthoedd gwleidyddol arnynt. Yn hytrach, rhaid inni fel dinasyddion y genedl roi o'r neilltu yr ystyriaethau metaffisegol wrth ymwneud â gwleidyddiaeth. Gallwn adnabod ein buddiannau a'n daliadau o fewn fframwaith yr hawliau a'r nwyddau y mae'r gymdeithas yn eu sicrhau inni, ond ni ddylid trafod neu geisio cydsyniad ag eraill drwy gyfeirio at ein daliadau metaffisegol dyfnaf ynghylch y bywyd da.

Pair dadansoddiad J.R. o'r cyflwr dynol a'i berthynas gyda'r genedl inni godi cwestiynau am y rhaniad elfennol, a'r syniad fod angen, neu fodd, inni osod yr ystyriaethau yma i un ochr. Yn wir, mae geiriau Rawls am ymgartrefu ynddynt eu hunain yn awgrymu ei fod yn gweld elfen hanfodol ddofn rhwng y bersonoliaeth ddynol a'r genedl. Ond dyma'r union ystyriaethau y mae am eu '[g]osod o'r neilltu'. A yw hyn yn broblem? Gorwedda'r broblem fwyaf, efallai, nid yn y penderfyniad i geisio osgoi y math o wrthdaro dyrys sydd yn codi mewn trafodaethau metaffisegol, ond yn y ffaith fod y syniadau a ddaw yn eu lle yn anodd i'w profi yn rhai effeithiol, perswadiol. Trafodai Mill gydymdeimlad cyffredin dros ganrif a hanner yn ôl, ond o edrych ar gyflwr y DG heddiw nid yw'r ffaith fod gennym dros dri chant o flynyddoedd o hanes gwleidyddol cyfrannol yn mennu dim ar raniadau dwfn. Mae gobaith Rawls, am deyrnasiad cyfiawnder yn dwyn pobl at ei gilydd, mewn cymdeithas o barch, goddefgarwch a solidariaeth, yn ymddangos yn ddeniadol, ond mae'r rhaniadau dosbarth dyfnion sydd yn aml yn adlewyrchu rhwygiadau ethnig yn codi cwestiynau am allu gwladwriaethau mawrion fel yr UDA a'r DG i dorri'n rhydd oddi wrth eu hanes o anghyfartaledd. Cyniga dadansoddiad J.R. o ysbryd a phobl safbwynt sydd yn gwreiddio y genedl mewn elfennau tipyn dyfnach a mwy teimladwy na sefydliadau'r genedl (er bod y rhain yn bwysig i'w pharhad). Y perygl a wêl Rawls, mae'n debyg, yw neilltuo rhai, yn hytrach na chaniatáu i bob un, i ddarganfod y berthynas rhwng eu bywydau a'u cenedl drwy gyfrwng eu credoau nhw eu hunain. Y cwestiwn a erys, felly, yw a oes lle digon sylweddol, o fewn bychanfyd penodol, i gynnig crud i ysbryd pob un o'r rhieni sydd yn preswylio yn ei diriogaeth, beth bynnag fo eu daliadau personol. Os mai mater o gaffael iaith ydyw, yna mae'r egwyddor o leiaf yn un obeithiol. Yr her mwyaf, o bosib, yw amlygu i'r meddwl Gorllewinol ddyfnderoedd ysbrydol priod iaith.

Llyfryddiaeth

J. R. Jones, *Prydeindod* (Llandybie: Llyfrau'r Dryw, 1966).

Idem, *A Raid i'r Iaith ein Gwahanu?* (1967; e-argraffiad, Caerfyrddin: Coleg Cymraeg Cenedlaethol, 2013), *https://llyfrgell.porth.ac.uk/View.aspx?id=1984 ~4w~xVCvoNix*.

Idem, *Yr Ewyllys i Barhau* (1969; e-argraffiad, Caerfyrddin: Coleg Cymraeg Cenedlaethol, 2015), *https://llyfrgell.porth.ac.uk/View.aspx?id=1466~4r~SzdA PDeZ*.

Idem, 'Cenedligrwydd a Chrefydd' a 'Troedle', yn *Gwaedd yng Nghymru* (1970; e-argraffiad, Caerfyrddin: Coleg Cymraeg Cenedlaethol, 2013), *https://llyfrgell. porth.ac.uk/View.aspx?id=1984~4y~AkgxJXFh*.

J. S. Mill, *Considerations on Representative Government* (1861; Amherst, New York: Prometheus Books, 1991).

J. Rawls, *A Theory of Justice* (Cambridge, Massachusetts: Harvard University Press, 1971).

Idem, *The Law of Peoples* (Cambridge, Massachusetts: Harvard University Press, 1999).

Dau syniad metaffisegol yr Athro J. R. Jones: hunaniaeth a chydymdreiddiad

Steven D. Edwards

Yn ôl yr Athro Dewi Z. Phillips roedd hunaniaeth yn thema ganolog yng ngwaith yr Athro J. R. Jones mewn tri maes, sef: athroniaeth, gwleidyddiaeth, a chrefydd (1995: 2). Ac, meddai Phillips, 'it would be a great mistake to settle for saying that J. R. Jones was more at home in Welsh than in English, undoubtedly true though that is' (1995: 12). Â ymlaen i dynnu sylw at dyndra sylfaenol rhwng syniadau athronyddol J.R. ynglŷn â hunaniaeth yr hunan ar y naill law, a'i syniadau ynglŷn â'r berthynas rhwng iaith a hunaniaeth ar y llall.

Honnir yma fod Jones yn fwy cyfforddus yn athronyddu yn Gymraeg nag yn Saesneg. Fy nhyb i yw ei fod yn teimlo'n fwy rhydd yn Gymraeg gan nad oedd raid iddo athronyddu bryd hynny dan yr un math o gyfyngiadau, sef cyfyngiadau cul athroniaeth analytig. Fe welir yn ei waith athronyddol yn Gymraeg gyfyngiadau gwahanol i'r rhai a welir yn ei waith Saesneg. Gwelir cyfyngiadau Cartesaidd yn y gwaith Saesneg, ond yn Gymraeg bu J.R. yn gweithio ym maes athroniaeth anthropolegol – traddodiad Heidegger yn hytrach na thraddodiad Descartes.

Er mwyn dangos hyn, hoffwn drafod yn gyntaf waith J. R. Jones ar hunaniaeth lle roedd yn datblygu'r cysyniad o hunaniaeth naratif. Wedyn, trafodir y syniad o gydymdreiddiad a welir yn ei waith, a'r berthynas rhwng y cysyniad hwnnw â gwaith yr athronydd Ffrengig, Maurice Merleau-Ponty (1908–61).

Hunaniaeth

Dioddefir newidiadau gan unigolion drwy'r amser, e.e. rydym yn datblygu, heneiddio, yn magu a cholli pwysau, tyfu ac ati. Ar ben hynny, ar un pryd, bu pob un ohonom yn embryo a bydd pob un ohonom yn marw. O ystyried y ffeithiau hyn – o safbwynt synnwyr cyffredin – ystyrir bod un person yn dioddef cannoedd, os nad miliynau, o newidiadau. Felly, mae'n dilyn bod rhywbeth gyda ni sy'n parhau drwy'r holl newidiadau – mae un, neu fwy nag un, briodwedd sy'n parhau drwy ein holl fodolaeth ac sy'n gyfrifol am y ffaith fod ein hunaniaeth fel unigolyn yn parhau.

Y broblem yw, beth yn union yw'r briodwedd hon, neu'r priodweddau hynny? Yn hanes athroniaeth, awgrymwyd sawl ateb sy'n pwysleisio naill ai barhad y corff, neu barhad y meddwl, neu darddiad y person (Kripke 1972). Ond mae'n deg dweud bod i bob ateb broblemau sylfaenol, a hyd yma nid oes un ddamcaniaeth wedi'i derbyn gan bawb yn y maes ac mae'r dadlau yn parhau (gw. Olsen 2016).

Hunaniaeth naratif

Oherwydd hynny, meddai MacIntyre mor bell yn ôl ag 1981 mae rhywbeth yn bod gyda'r dull analytig a'r modd y fframir problem hunaniaeth yr hunan ynddo. Yn ôl MacIntyre, y syniad o hunaniaeth a ragdybir gan athronwyr sy'n dilyn y dull analytig sydd ar fai. Sylwodd MacIntyre fod y cysyniad o hunaniaeth a ddefnyddir mewn iaith gyffredin yn wahanol i gysyniad yr athronwyr. Culheir y cysyniad cyffredin gan y cysyniad athronyddol ond ni all un cysyniad wrthsefyll yr enghreifftiau eithafol a geir mewn athroniaeth analytig (e.e. ynglŷn â theletrawsgludiad (Parfit 1986), trawsblannu'r ymennydd (ibid.), cyfnewid cyrff (Williams 1973), ac ati).

Casglodd MacIntyre felly fod yn rhaid troi'n ôl at y cysyniad o hunaniaeth a ddefnyddir mewn iaith bob dydd, neu'r syniad 'cyffredin' o hunaniaeth yn hytrach na chysyniad artiffisial yr athronydd (gw. hefyd Ney 2014 am y gwahaniaeth rhwng 'hunaniaeth' ar y naill law, a 'hunaniaeth gaeth' ar y llall). Wrth wneud hynny, gellir datblygu cysyniad o hunaniaeth sy'n gryfach na'r cysyniad athronyddol. Aeth MacIntyre ati felly i ddisgrifio cysyniad 'newydd' o hunaniaeth sy'n nes at y cysyniad a ddefnyddir mewn iaith bob dydd. Lluniodd agweddau hanesyddol ar hunaniaeth, yn ogystal ag agweddau cymdeithasol, ac agweddau ynglŷn â gwerthoedd. Roedd yr athronydd Ffrengig Ricoeur (1992) yn dilyn yr un trywydd yn ogystal â'r athronydd, Charles Taylor (1989), a rhyngddynt cododd y syniad o hunaniaeth naratif.

Yn fyr, mae naratif yn cychwyn a gorffen, ceir rhywbeth yn y canol, a cheir rhywbeth sy'n clymu rhannau o'r naratif ynghyd; honnir y gwelir yn union yr un strwythur ym mywyd person. Yn ogystal, ceir agwedd deleolegol ar naratif, megis bod un digwyddiad yn anelu at ddigwyddiad arall, a gellir deall y digwyddiadau yn well drwy edrych yn ôl ar ddigwyddiadau a arweiniodd atynt. Yn syml iawn, felly, deallwn weithred person sy'n yfed dŵr drwy ddeall bod syched arno. Pe gofynnid 'Pam bod syched arno?' gellid ateb y cwestiwn gan dynnu sylw at y ffaith ei fod wedi bod yn ymarfer corff, er enghraifft. I roi enghraifft arall, pe gofynnid pam bod rhywun wedi prynu papur newydd, gellid ateb gan ddweud bod gan y person ddiddordeb cryf mewn gwleidyddiaeth a dyna pam mae wedi prynu papur newydd. Ar ben hynny, gwelir sut mae ymddygiad person yn adlewyrchu ei werthoedd yn ogystal â'i ddelwedd o'r math o berson yr hoffai ef fod. Felly, yn ogystal â phriodweddau megis cychwyn a gorffen, a chael rhywbeth rhyngddynt, yr hyn sy'n clymu naratif person yw eu delwedd nhw o beth yw byw yn dda. Yn y bôn, dyna'r cysyniad o hunaniaeth naratif.

Yn ôl Ricoeur, prif dasg unrhyw gysyniad o'r fath yw rhoi ateb i'r cwestiwn 'Pwy?' Trwy ymateb i'r cwestiwn hwnnw cyrhaeddwn at hunaniaeth y person. Ond nid atebir y cwestiwn 'Pwy?' gan ddefnyddio enw person yn unig – ni fydd hynny yn ddigonol i ateb y cwestiwn 'Pwy?' Er mwyn rhoi ateb go iawn i'r cwestiwn 'Pwy?' mae'n rhaid ychwanegu gwybodaeth am naratif y person, sef beth yw ei hanes, beth sy'n bwysig iddo fe, ac ati. Roedd y tri awdur y soniwyd amdanynt hyd yma yn ysgrifennu yn yr wythdegau neu'n gynnar yn y nawdegau, ond os trown ni yn ôl at ddechrau'r chwedegau, deuir o hyd i syniadau tebyg iawn yng ngwaith J. R. Jones. Wrth gwrs, roedd J.R. yn trafod hunaniaeth *Pobl* yn hytrach nag unigolion; ond er hynny gellir ei ystyried mewn cyd-destun o'r fath.

J. R. Jones ar hunaniaeth Pobl: iaith, tiriogaeth, traddodiad diwylliannol

Wrth drafod y cysyniadau o Genedl a Phobl, pwysleisia Jones agweddau cymunedol, a hanesyddol, ynghylch hunaniaeth Pobl. Yn ôl J.R., er mwyn bod yn Bobl, mae'n rhaid cael dau 'gwlwm', sef 'tiriogaeth ddiffiniedig, [a] phriod iaith (neu weithiau, briod ieithoedd) y diriogaeth' (1966: 9); meddai hefyd: 'Cymundod deuglwm yw Pobl. Craidd ei ffurfiant yw'r briodas gydymdreiddiol rhwng un briod iaith ag un priod dir' (1966: 10). Ymhellach, mae iaith y Bobl yn rhywbeth hanfodol nad yw'n 'gyfrwng neu dechneg cyfathrebu [yn unig] ond fel y mae hi'n draddodiad, yn etifeddiaeth a gyfoethogir gan gerddediad y canrifoedd … [Ac mae] holl orffennol diwylliannol Pobl wedi ei gronni i'w priod iaith'. Hefyd: 'ffurfir dynion lawer mwy gan iaith nag y ffurfir iaith gan ddynion' (1966: 11). A 'Daw hunaniaeth Pobl, meddaf, o gydymdreiddiad un *priod* dir ag un *briod* iaith' (1966: 15).

Deuwn at y cysyniad o gydymdreiddiad yn nes ymlaen, ond beth sy'n ddiddorol yng ngwaith Jones ar feini prawf Pobl yw'r math o ffactorau sydd dan sylw. Wrth ysgrifennu athroniaeth yn

Saesneg, yn ôl Dewi Z. Phillips, meddyliai J.R. am yr hunan mewn modd Cartesaidd, sef 'an isolated self, certain only of its own experiences' (1995: 23). Ond mae'n gwbl amlwg fod y cysyniad o Bobl yn rhagdybio bod unigolion y tu hwnt i'r hunan yn bodoli, eu bod yn cyfathrebu mewn iaith ac yn cael eu 'ffurfio' gan yr iaith – pa iaith bynnag yw hi. At hynny, mae iaith yn ymgorffori hanes, a gwerthoedd y Bobl, pwy bynnag ydynt.

Mae'r syniadau hyn yn hynod o debyg i waith MacIntyre ac ati ar hunaniaeth naratif. Cofiwch bwysigrwydd y cwestiwn 'Pwy?' yn ôl Ricoeur. Er mwyn ateb y cwestiwn 'Pwy yw'r Cymry?' byddai'n rhaid adrodd tipyn bach o naratif y Bobl hynny ac wrth wneud hynny, cyfeirio at eu priod dir, iaith a hanes (Jones 1961). Fel y dywedais uchod, roedd MacIntyre ac ati yn ceisio datblygu damcaniaeth am hunaniaeth *bersonol* ond roedd prif ffocws J.R. ar feini prawf Pobl a Chenedl. Ond, yn amlwg, gellir eu cymhwyso er mwyn llunio damcaniaeth am hunaniaeth bersonol hefyd.

Meini prawf 'Pobl' a meini prawf 'Person'

Mae gan bob categori metaffisegol feini prawf sy'n llunio (a) meini prawf y dosbarth fel y cyfryw, e.e. yr hyn sy'n angenrheidiol er mwyn bod yn aelod o'r dosbarth (megis y dosbarth 'Person'); a hefyd (b) meini prawf unigolion o fewn y dosbarth, h.y. beth sy'n unigoli aelodau ymhen y dosbarth, neu'n gwahanu un aelod oddi wrth bob aelod arall (gw. e.e. Macdonald 2005: 59). Lluniwyd meini prawf bod yn Bobl gan J. R. Jones: sef, er mwyn bod yn rhan o'r categori metaffisegol 'Pobl', mae'n rhaid cael un priod dir, un briod iaith ac un traddodiad diwylliannol (Jones 1966). Y rhain yw'r meini prawf i fod yn y dosbarth. Ac er mwyn bod yn aelod penodol o'r dosbarth, mae'n rhaid bodloni'r tri chriterion, ond hefyd, mae'n rhaid iddynt berthyn i *un Bobl yn unig*. Wrth gwrs, nid yw'n bosibl fod dwy Bobl yn bodloni'r un meini prawf; mewn achos o'r fath ceir un Bobl, nid dwy. Yn amlwg, gellid addasu'r meini prawf a awgrymwyd gan J.R. a meddwl

am feini prawf y categori metaffisegol 'Person'. Wrth wneud
hynny gwelem pa mor agos ydynt at ddamcaniaeth MacIntyre
ac ati ynghylch hunaniaeth naratif a hefyd pa mor bell ydynt
o'r syniadau Cartesaidd a oedd, yn ôl Dewi Z. Phillips, yn rhan
annatod o waith athronyddol J. R. Jones.

Wrth gwrs, wrth lunio meini prawf y categori metaffisegol
'Person', trafodir unigolion, nid grwpiau, megis yn achos 'Pobl'.
Felly, yn rhan o feini prawf y dosbarth, bydd yn rhaid cael
rhywbeth tebyg i'r amod na all dau Berson rannu yn union yr un
priodweddau gofodol-amserol. Mae gennym, fel unigolion, lwybr
unigryw drwy amser a gofod. Ar ben hynny, a dilyn awgrymiadau
J.R. ynghylch 'Pobl' (gw. hefyd 'Yr angen am wreiddiau', Jones
1970), mae'n rhaid cael 'trac' drwy hanes, a medru un iaith
benodol – 'priod iaith' – byw ar un 'priod dir' (neu berthyn i un
tir, neu darddu o un priod dir ac ati). Er mwyn troi meini prawf
Pobl yn feini prawf Person, bydd yn rhaid derbyn bod gan bob
Person drac unigryw drwy amser – o fod yn embryo hyd at fod
yn oedolyn (er enghraifft). Felly, mae'n rhaid parchu'r ffaith ein
bod yn bethau corfforol – yn rhannol o leiaf gan fod agweddau
corfforol arnom megis pwysau, siâp ac ati. Yn hynny o beth, gall
y corff, yng nghyd-destun meini prawf Person, chwarae rôl debyg
i'r rôl a chwaraeir gan 'dir' neu 'diriogaeth' yn achos Pobl.

Ynghylch 'iaith', mae gan bob unigolyn ei briod iaith. Felly,
fel y gwelir yn achos 'corff', gall 'iaith' Person chwarae rôl debyg
iawn i'r rôl a chwaraeir gan 'iaith' pan drafodir meini prawf Pobl
gan Jones. Felly, yn yr un modd ag y byddai pob Pobl yn siarad
rhyw iaith neu'i gilydd, byddai pob unigolyn yn siarad rhyw iaith
neu'i gilydd. Yn ogystal, bu J.R. yn dirmygu'r syniad fod iaith
yn rhywbeth fel 'math o ategiad'; meddai 'am bob priod Bobl
mai drwy eu hiaith y mae iddynt wahanrwydd' (1970: 166). A
gellir honni'r un peth am unigolion: 'ffurfir dynion lawer mwy
gan iaith nag y ffurfir iaith gan ddynion' (1966: 11). A chan fod
pob iaith yn cynnwys hanes a diwylliant y Bobl – fel cronfa, fel

petai – yn achos unigolion, bydd gan bob unigolyn agweddau diwylliannol, h.y. yn rhinwedd yr iaith a siaradant. Oherwydd hynny, wrth gwrs, fel y eglura J.R., mae'n dilyn bod gan bob unigolyn agweddau hanesyddol hefyd, gan fod agweddau hanesyddol i bob diwylliant, a phob Pobl. Felly, megis yn achos 'Pobl', fel pob categori metaffisegol arall, lle mae'n rhaid llunio meini prawf bod yn aelod o'r dosbarth, a meini prawf bod yn unigolyn y tu mewn i'r dosbarth, mae'n rhaid canfod yr un math o feini prawf yn achos Person.

Gan hynny, yn achos y categori metaffisegol 'Person', ceir meini prawf sy'n (a) hanfodol er mwyn bod yn aelod o'r dosbarth, a (b) meini prawf sy'n unigoli pob unigolyn fel bod pob Person yn wahanol i bob Person arall (a derbyn nad yw'n bosibl i ddau Berson ddilyn yn union yr un trac drwy amser a gofod). Yn dilyn y dadansoddiad uchod, gellir troi meini prawf J.R. ynghylch 'Pobl' yn feini prawf ar gyfer y dosbarth 'Person' fel a ganlyn: bydd meini prawf y dosbarth metaffisegol yn cynnwys: corff, trac drwy amser a gofod, ac iaith. Cofiwch fod 'iaith' yn rhagdybio elfennau eraill megis diwylliant, hanes a meddwl. Pe diwellid yr elfennau hyn gan unrhyw beth, byddai hwnnw yn Berson. Wrth gwrs, byddai'n dilyn nad oes rhaid bod yn aelod o'r rhywogaeth *homo sapiens* i fod yn Berson chwaith (gw. Harris 1985 ynglŷn â'r pwynt hwn).

O ran unigolion y tu mewn i'r dosbarth, gan eu bod yn dilyn trac unigryw drwy amser a gofod, bydd hynny yn ddigonol i wahaniaethu personau oddi wrth ei gilydd. Yn ogystal, bydd ganddynt un 'briod iaith' ac yn sgil hynny byddai gweddau diwylliannol arnynt fel rhan o'u hunaniaeth hefyd (yn dilyn y dull 'Jonesaidd' fel petai). (Prin fod rhaid i mi gyfaddef bod sawl problem â'r cysyniad o hunaniaeth naratif; byrdwn yr erthygl hon yw dangos bod J.R. wedi datblygu cysyniad o'r fath er yng nghyd-destun hunaniaeth Pobl.)

Mae'n gwbl amlwg felly fod hunaniaeth bersonol yn rhywbeth

tebyg iawn i'r hyn a elwir 'yr hunan traethiadol' (gw. e.e. Kerby 1991) gan ei fod yn cynnwys priodweddau perthynol megis agweddau hanesyddol, diwylliannol a chymunedol. Er bod J.R. yn datblygu'r cysyniad o hunaniaeth naratif wrth lunio meini prawf bod yn Bobl, gellir defnyddio'r un dull er mwyn llunio damcaniaeth ynghylch hunaniaeth naratif Person.

Felly, er mwyn bod yng nghategori metaffisegol Person, mae'n rhaid enghreifftio priodweddau corfforol, meddyliol a diwylliannol. At hynny, mae'n rhaid enghreifftio priodweddau ieithyddol, a chan fod y priodweddau ieithyddol yn ymgorffori hanes a gwerthoedd Pobl, mae'n dilyn eu bod yn briodweddau perthynol. Felly, ni chawn hunan Cartesaidd o gwbl yng ngwaith athronyddol Cymraeg J. R. Jones.

Cydymdreiddiad

Wrth ystyried y cysyniad o gydymdreiddiad, meddai Jones:

> Bydd sylweddau yn 'cydymdreiddio' (*interpenetrate*) pan redo'r naill megis yn gyfangwbl drwy'r llall: pan elo'r naill, fel petai, i mewn i'r llall, eto heb ddiflannu yn ei gilydd, ond creu perthynas dufewnol nas ceir pan na chysylltir sylweddau ond drwy gyplysiad o'r tu allan. (1966: 13)

Yn ôl J.R., er mwyn bod yn 'Bobl', mae'n rhaid bod iaith y Cymry mewn perthynas gydymdreiddiol gyda thir Cymru; felly, 'Lluniwyd y Cymry yn Bobl gan gydymdreiddiad tir Cymru a'r iaith Gymraeg' (1966: 18).

Ar y wyneb, mae syniad o gydymdreiddiad rhwng iaith a thir yn rhywbeth rhyfedd iawn. Meddyliwn am iaith fel rhywbeth sy'n llawn ystyr, ac felly'n rhywbeth meddyliol (neu seicolegol). Mewn athroniaeth mae iaith yn cael ei hystyried fel rhywbeth bwriadol ac sy'n cael ei nodi gan y gair 'bwriadoldeb' (*intentionality*): mae gan iaith, a meddyliau, nodwedd *intentionality*. Hynny yw, mae'n gallu cynrychioli pethau megis ffeithiau, dymuniadau rhywun, ei gredoau ac ati.

Yn ôl y traddodiad ffenomenyddol (yn enwedig yng ngwaith yr athronydd Brentano (1838–1917), dyna'r peth sy'n gwahaniaethu peth corfforol fel mater, neu'r corff, oddi wrth y meddwl a phethau meddyliol neu seicolegol. A gwelwn ni sawl athronydd arall sy'n ceisio gwahanu meddwl a mater, a hynny fel mater o egwyddor, gan honni eu bod yn ddau gategori metaffisegol pendant a gwahanol (gw. yn enwedig waith Descartes yn hyn o beth).

Wrth gwrs, mae rhai athronwyr wedi dadlau mewn ffordd rydwythiadol (*reductionist*) gan honni mai dim ond un peth yw'r meddwl a'r corff (e.e. yr ymennydd) ac nad oes gwahaniaeth rhyngddynt hwy (materoliaeth, neu *physicalism*). A gwelir thesis arall hefyd sy'n honni bod popeth yn feddyliol ac nad oes unrhyw beth corfforol yn bod (h.y. idealaeth): damcaniaethau monistaidd yw'r rhain. Ar ben hynny, yn enwedig yn ddiweddar, honnir bod dau fath o nodweddion yn bodoli, e.e. rhai meddyliol a rhai corfforol. Felly yn achos y ddynoliaeth fe gawn ni agweddau corfforol ar berson, megis pwysau, lliw, taldra, ond hefyd fe gawn ni agweddau meddyliol megis bod yn drist, neu'n grac, neu'n flinedig ac ati. Felly yn ôl y ddamcaniaeth hon, mae un peth – sef person – yn enghreifftio dau fath o nodweddion, y naill yn gorfforol a'r llall yn feddyliol. Mae damcaniaethau fel hyn yn parhau i fod yn ddamcaniaethau deuoliaethol gan eu bod yn honni bod y ddau fath o nodwedd yn wahanol, a hynny mewn egwyddor (Macdonald 1988).

Yr hyn sy'n gyffredin i'r holl ddamcaniaethau hyd yn hyn yw eu bod i gyd yn rhagdybio rhyw wahaniaeth sylfaenol rhwng y corfforol a'r meddyliol. Felly meddyliwch eto am 'gydymdreiddiad' fel perthynas fetaffisegol rhwng dau beth sydd ar y wyneb yn perthyn i gategorïau metaffisegol gwahanol – sef iaith a thir. Cofiwch: 'Bydd sylweddau yn "cydymdreiddio" (*interpenetrate*) pan redo'r naill megis yn gyfangwbl drwy'r llall: pan elo'r naill, fel petai, i mewn i'r llall, eto heb ddiflannu yn ei gilydd, ond creu perthynas dufewnol nas ceir pan na chysylltir sylweddau ond drwy gyplysiad o'r tu allan' (Jones 1966: 13).

Felly, yn wahanol i'r syniadau metaffisegol yr ydym ni wedi clywed amdanynt hyd yma, nid oedd Jones am wahanu'r ddau sylwedd – meddwl a mater – yn gyfan gwbl. Yn draddodiadol, mae'r dasg o egluro'r berthynas rhwng y ddau sylwedd wedi bod yn dalcen caled gan nad yw'n hawdd deall neu egluro sut y gall dau beth mor wahanol fod mewn perthynas agos â'i gilydd. Mae syniad J.R. yn chwyldroadol gan ei fod yn sôn am y ddau beth yn mynd i mewn i'w gilydd – nad yw'n bosibl mewn damcaniaethau monistaidd neu ddamcaniaethau deuoliaethol, boed hynny'n ddeuoliaeth sylwedd neu'n ddeuoliaeth priodwedd. Felly wrth lunio'r syniad o gydymdreiddiad, bu J.R. yn disgrifio rhywbeth hollol newydd. A phwysleisir y ffaith nad yw perthynas o gydymdreiddiad yn berthynas rydwythiadol (*reductionist*) gan y geiriau 'heb ddiflannu yn ei gilydd'. Yn rhyfedd, ni thrafodwyd y syniad o gydymdreiddiad o gwbl gan Jones yn ei waith athronyddol Saesneg. Efallai ei fod yn fodlon aros o fewn cyfyngiadau athronyddol y traddodiad analytig yn yr iaith honno, fel yr awgrymwyd uchod.

Hyd y gwn i, nid oedd J. R. Jones yn gyfarwydd â gwaith yr athronydd Ffrengig Maurice Merleau-Ponty (1908–61). (Ond yn ôl yr Athro John Heywood Thomas, daeth Merleau-Ponty i Brydain yn y pumdegau, ac felly mae'n bosibl fod J.R. wedi clywed ei syniadau athronyddol bryd hynny (Heywood Thomas 2016: 15).) Ers iddo farw yn 1961, daeth yn enwog iawn y tu hwnt i Ffrainc am ei ddamcaniaethau ynglŷn â'r corff byw (*lived body*). Roedd Merleau-Ponty yn ysgrifennu yn Ffrangeg, wrth gwrs, ac ni chyfieithwyd ei brif waith *Phenomenology of Perception* i'r Saesneg tan 1962. Roedd hefyd yn trafod y syniad o'r *body-subject* (y corff-wrthrych). Gan gyfuno termau fel 'corff-wrthrych/*body-*

subject' a 'corff-byw/*lived body*', ceisia Merleau-Ponty danseilio'r rhagdybiaeth fod y ddau gategori metaffisegol yn hollol bendant a chadarn – fel bod y ddau beth yn wahanol mewn egwyddor.

Cyn ceisio egluro'r syniadau hyn, dyma frawddeg gan Dillon sy'n egluro ontoleg Merleau-Ponty: '[This] ... led Merleau-Ponty to reconceive the body in terms that were neither exclusively mechanistic nor entirely intentional but somehow incorporated both' (1997: 131). Ac yn nes ymlaen yn yr un gyfrol, mae'n disgrifio'r berthynas rhwng y corfforol a'r meddyliol fel perthynas '[of] intertwining': 'their intertwining is real, their conceptual separation is ideal' (1997: 156); a hefyd 'the ... interwovenness of things is primordial' (1997: 156). Yn y ddau achos, gwelir y syniad o ddau beth yn ymdoddi i greu un peth sy'n fwy na chyfanswm y ddau beth, boed hynny'n gorff a meddwl (Merleau-Ponty), neu'n iaith a thir (J.R.). Felly, yn lle 'cydymdreiddio', fe gawn ni 'gydblethu'.

A oes gwahaniaeth rhwng y ddau gysyniad? Mae'r rhagddodiad 'cyd' yn awgrymu bod dau beth yn bodoli yn y ddau achos. A gwelir yr un broblem yn Saesneg gan ddefnyddio'r rhagddodiad *inter*. O safbwynt gwaith Merleau-Ponty, iaith yw'r broblem. Yn ôl dull ffenomenoleg, mae'n rhaid mynd yn ôl at y pethau 'fel y maent' (Merleau-Ponty 1962: viii), ond er mwyn gwneud hynny, mae'n rhaid colli pob rhagdybiaeth ddamcaniaethol. Ond, wrth gwrs, mae iaith yn cynnwys rhagdybiaethau o'r fath – megis bod pethau yn bodoli, fod gwahaniaeth rhwng y goddrych a'r gwrthrych, ac ati. Felly fe'n 'carcherir' gan iaith ac mae hyn yn anochel – cofiwch yr ymadrodd uchod: 'their intertwining is real, their conceptual separation is ideal'. Felly, mae'n bosibl fod Merleau-Ponty a J. R. Jones yn cyfeirio at yr un math o berthynas fetaffisegol, ond eu bod wedi cael eu rhwystro gan iaith.

Yn lle trafod yn echblyg y berthynas rhwng y corff a'r meddwl, canolbwyntiodd J.R. ar iaith a thir. Ac mae'n ceisio llunio perthynas megis dau beth sydd ar y wyneb yn wahanol yn ffurfio rhywbeth sydd yn fwy na'r ddau beth ar eu pennau eu hunain. Yn achos J. R. iaith a thir sydd dan y chwyddwydr, ond yng ngwaith Merleau-Ponty y corfforol a'r meddyliol sy'n cael y sylw.

Wedi tynnu sylw at y berthynas – sydd ar y wyneb yn eithaf trawiadol – rhwng gwaith J. R. ar gydymdreiddiad a gwaith Merleau-Ponty ar y corff-byw, hoffwn ddod yn ôl at agweddau eraill ar gydymdreiddiad yn ôl J.R.

Ar ôl y diffiniad o gydymdreiddiad a welir uchod, meddai Jones:

> Y mae'n bwysig ... peidio â *chamleoli'r* cydymdreiddiad. Yn oddrychol, *yn eneidiau dynion* ac, felly, yn wrthrychol, *yng nghymdeithas dyn* y digwydd yr hyn a alwaf yn 'gydymdreiddiad', tir Pobl â'u hiaith. Nid digwydd yn natur y mae fel rhyw drawsffurfiad dewinol ar gyfansoddiad y tir: syniad disynnwyr fyddai hwnnw. (1966: 13)

Felly, yn ôl y dyfyniad hwn, *ni chawn ni* unrhyw newid yn y byd materol er gwaethaf y cydymdreiddiad. Yn hytrach, yn y meddwl y mae (yn eneidiau dynion), a hefyd mae cydymdreiddiad yn digwydd yn y byd cymdeithasol, y gymuned ieithyddol. A oes tyndra yn syniadau J.R. yma tybed? Ar y naill law, dywedir 'pan redo'r naill ... yn gyfangwbl drwy'r llall ... fel petai, i mewn i'r llall' a chrëir rhywbeth newydd gan y berthynas, rhywbeth sydd yn rhannol feddyliol ac yn rhannol gorfforol. I mi, awgrymir y syniad o ryw newid yn y byd materol gan y cysyniad o gydymdreiddiad. Yn hyn o beth, mae Merleau-Ponty ei hun yn trafod y syniad o 'intentional threads which attach us to the world' (1962: xiii). Ac mae hyn yn ymddangos yn debyg iawn i'r hyn y mae J.R. yn ei awgrymu gyda'r geiriau 'perthynas dufewnol' uchod.

Felly, ceir dwy ddamcaniaeth ynghylch natur y berthynas rhwng pethau meddyliol – iaith, meddyliau – a'r byd corfforol.

Mae un ohonynt yn radical iawn ac yn honni bod y ddau beth, meddwl a mater, yn cydymdreiddio neu'n cydblethu a thrwy hynny yn creu rhywbeth newydd: boed hynny'r corff byw neu'r berthynas rhwng iaith ('eneidiau' yng ngeiriau J.R.) a thir. Gellid dweud ei bod yn broses o ymdoddi.

Yn ôl y ddamcaniaeth arall, sy'n wannach na'r un gyntaf, ceir 'perthynas fewnol' rhwng meddwl a mater fel y ffurfir natur y meddwl, o leiaf yn rhannol, gan natur mater: 'intentional threads' yw'r geiriau a ddefnyddiwyd gan Merleau-Ponty er mwyn disgrifio'r berthynas honno. Ynghylch y syniad y gall gwrthrychau 'allanol' fod yn rhan hanfodol o feddyliau, gwelir y thesis hwnnw mewn 'allanoliaeth' (*externalism*) (gw. McDowell 1986), ac felly dyna ddatblygiad arall yn yr un cae â gwaith J. R. Jones ar y berthynas rhwng y meddwl a'r byd.

Casgliad

Felly, os gwelir yr erthyglau ysgrifennwyd gan J. R. Jones yn Gymraeg – yn enwedig yr erthyglau a drafodwyd uchod – fel gwaith athronyddol, gwelir gwaith cyfoes, heriol ac yn bendant waith sydd yn wrth-Gartesaidd. Yn lle synio am yr hunan fel rhywbeth ar wahân i bopeth arall, gwelir yr hunan fel rhan annatod o'r gymuned ieithyddol yn ogystal â'r tir.

Llyfryddiaeth

M. C. Dillon, *Merleau Ponty's Ontology* (Illinois: Northwestern University Press, 1997).

S. D. Edwards, '*Efrydiau Athronyddol*: etifeddiaeth y dylid ei thrysori', *Gwerddon*, 21 (2016), 13–25.

J. Heywood Thomas, yn E. G. Matthews a D. D. Morgan (goln), *Dirfodaeth, Cristnogaeth a'r Bywyd Da*, Astudiaethau Athronyddol, 5 (Talybont: Y Lolfa, 2016).

J. R. Jones, 'Y syniad o genedl', *Efrydiau Athronyddol*, XXIV (1961), 3–17.

Idem, *Prydeindod* (Llandybie: Christopher Davies, 1966).

Idem, *Ac Onide* (Llandybie: Christopher Davies, 1970).

A. P. Kerby, *Narrative and the Self* (Indiana: Indiana University Press, 1991).

S. Kripke, *Naming and Necessity* (Oxford: Blackwell, 1972).

C. Macdonald, *Varieties of Things, Foundations of Contemporary Metaphysics* (Oxford: Blackwell, 2005).

D. Macdonald, *Mind-Body Identity Theories* (London: Routledge, 1988).

A. MacIntyre, *After Virtue: A Study in Moral Theory* (Notre Dame: University of Notre Dame Press, 1981).

M. Merleau-Ponty, *Phenomenology of Perception*, cyf. C. Smith (1945; London: RKP, 1962).

A. Ney, *Metaphysics, an Introduction* (London: Routledge, 2014).

E. T. Olsen, 'Personal identity', yn *Stanford Encyclopedia of Philosophy, http://plato. stanford.edu/entries/identity-personal* (2016) (cyrchwyd 2 Hydref 2016).

D. Parfit, *Reasons and Person* (Oxford: Oxford University Press, 1986).

D. Z. Phillips, *J. R. Jones* (Caerdydd: Gwasg Prifysgol Cymru, 1995).

P. Ricoeur, *Oneself as Another*, cyf. K. Blamey (Chicago: University of Chicago Press, 1992).

C. Taylor, *Sources of the Self: The Making of Modern Identity* (Cambridge: Cambridge University Press, 1989).

B. Williams, *Problems of the Self* (Cambridge: Cambridge University Press, 1973).

Y genedl mewn hanes (a hanes yn y genedl) – J. R. Jones a Hegel

Dafydd Huw Rees

A rhan o ystyr bod yn wâr yw *gwybod pwy ydych*, nid yn bersonol, ond yn Amgylchfyd yr Oesoedd, cael *yno* 'dystion' i'r pwy ydych. Y mae pobloedd yn 'anwariaid' pan *na bydd iddynt hanes*.

J. R. Jones, 'Cenedligrwydd a Chrefydd' (1961)

1. Hanes – yr elfen goll yn namcaniaeth J. R. Jones?

Y fersiwn mwyaf cyfarwydd o ddamcaniaeth J. R. Jones am y genedl yw'r fersiwn a geir yn *Prydeindod* (1966). Yn y testun dylanwadol hwn mae Jones yn dadlau bod tair elfen yn angenrheidiol er mwyn ystyried cymuned ddynol yn genedl. *Clymau* yw'r elfennau hyn, gan eu bod yn clymu bodau dynol at ei gilydd. Clymir cymuned genedligol gan '(1) tiriogaeth ddiffiniedig, (2) priod iaith (neu weithiau, priod ieithoedd) y diriogaeth, a (3) crynhoad y diriogaeth dan un wladwriaeth sofran.'[1] 'Cymundod *trichlwm*', felly, yw cenedl go iawn. *Pobl*, yn hytrach na *chenedl*, yw enw Jones ar gymundod deuglwm – cymundod o diriogaeth ac iaith yn unig, er enghraifft. Mae Jones yn seilio ei feirniadaeth o'r genedl honedig Brydeinig, a'i amddiffyniad angerddol o hunaniaeth Gymreig a'r iaith Gymraeg, ar y ddamcaniaeth hon.

Dydy'r disgrifiad bras hwn ddim yn cyfleu dyfnder a chymhlethdod damcaniaeth Jones. Dydy'r tri chwlwm – tir, iaith, llywodraeth – ddim yn sefyll ar eu pennau eu hunain. Rhaid iddynt *gydymdreiddio* â'i gilydd, hynny yw plethu ac ymdoddi dros amser o fewn meddyliau'r bobl, nes datblygu perthynas fewnol: 'Yn oddrychol, yn eneidiau dynion ac, felly, yn wrthrychol, yng nghymdeithas dyn y digwydd yr hyn a alwaf yn 'gydymdreiddiad' tir Pobl â'u hiaith.'[2] Yn ogystal, mae Jones yn gwahaniaethu rhwng cymundod ar y gwastad *ffurfiannol* (sydd yn ffurfio hunaniaeth y gymuned) a'r gwastad *gweithrediadol* (sydd yn ymwneud â phrosesau bywyd beunyddiol).[3] Trwy wahaniaethu yn y modd hwn, gall Jones fynd i'r afael â'r berthynas amlochrog rhwng y Cymry a'r wladwriaeth Brydeinig.

Nawr, mae hi'n hawdd dadlau bod damcaniaeth Jones yn anghyflawn, neu hyd yn oed yn fympwyol. Dyma oedd beirniadaeth R. Tudur Jones. Pam y dylem gyfyngu ein dealltwriaeth o ffurfiant cenedl i dri chwlwm yn unig? Mae clymau Jones yn bwysig iawn, wrth gwrs, 'Ond y mae cenedl yn gymundod sy'n rhychwantu pob agwedd ar dirwedd creedig. Nid yw'n gyfyngedig i iaith, tir a gwladwriaeth.'[4] Yn ôl R. Tudur Jones, esgeulusodd Jones nifer o gysylltiadau cymdeithasol pwysig, sef yr *economaidd*, yr *esthetig*, y *cyfreithiol*, a'r *crefyddol*. Gallwn ystyried pob un o'r rhain fel cwlwm, gyda'r gallu i glymu pobl ynghyd a chydymdreiddio â'i gilydd.

Un cwlwm posib arall yw *hanes*. Yn ddiamau, gall hanes rwymo cymuned at ei gilydd, ac mae hi'n anodd dychmygu cenedl *heb* hanes. Neu, i fod yn eglur, heb *ymwybyddiaeth* o hanes. Rhaid ystyried bod gan y gair 'hanes' ddau ystyr: *res gestae* neu ddigwyddiadau, a *historia rerum gestarum* neu gofnodion ac atgof o ddigwyddiadau. Mae gan bob cymuned, pob llecyn o dir, pob gwrthrych, 'hanes' yn yr ystyr cyntaf – maent wedi profi digwyddiadau dros amser. Nid yw'r un peth yn wir am *historia rerum gestarum*, atgof aelodau'r gymuned o'r digwyddiadau a brofodd y gymuned yn y gorffennol, a'r ymwybyddiaeth sydd yn seiliedig ar yr atgof hwn o'r gymuned fel uned hanesyddol, yn parhau o'r gorffennol i'r dyfodol.

Yn *Prydeindod*, cawn ambell gyfeiriad at arwyddocâd *amser* a *chof* – dywed Jones mai 'yn y cof, nid yn y gwythiennau y rhed ein hymglymiad'.[5] Ond, gan amlaf, mae'r testun yn esgeuluso hanes. Dydy Jones yn sicr ddim yn ystyried ymwybyddiaeth hanesyddol fel rhan hanfodol o genedligrwydd, yn bedwerydd cwlwm ochr yn ochr ag iaith, tir a llywodraeth.

Er mwyn deall y cysylltiad rhwng hanes a'r genedl yn syniadaeth Jones, rhaid ystyried ei erthygl o 1961, 'Y Syniad o Genedl'. Mae'r erthygl hon yn cyflwyno damcaniaeth pur wahanol o'r genedl, sydd yn cynnwys ymwybyddiaeth hanesyddol – yn wir, mae'r erthygl yn dyrchafu ymwybyddiaeth hanesyddol i statws cyflawniad cenedligrwydd. 'Cymundod yw cenedl', medd Jones, 'a luniwyd gan hanes allan o ryw gymysgwch cyntefig, hiliol neu lwythol.'[6]

Gan ddechrau (credwch neu beidio) gyda diffiniad Stalin o'r genedl, mae Jones yn dadlau bod yna bedwar, nid, tri, cwlwm sydd yn ffurfio *cynnwys* cenedl. Y pedwar yw *iaith, tir, traddodiad diwylliannol*, a *bywyd economaidd cyffredin* (er nad yw Jones yn dweud llawer am y cwlwm olaf hwn). Dyma 'ddichonedd cenedl', ond nid yw cydfodolaeth y pedwar cwlwm hyn yn ddigon i seilio cenedligrwydd arnynt. *Pobl* yn unig fyddai cymuned a feddai ar iaith, tir, traddodiad diwylliannol a bywyd economaidd. Nid yw presenoldeb cynnwys y genedl yn ddigon, yn ôl Jones; er mwyn i bobl gael eu hystyried yn genedl, rhaid gosod y cynnwys o fewn *ffrâm*. Y ffrâm hon, yr elfen hanfodol, yw *ymwybyddiaeth o hanes*. Y gallu i fod yn ymwybodol o'u hanes, i 'ymglywed' â'u hanes yng ngeiriau Jones, sydd yn troi pobl yn genedl.

Dywed Jones mai'r

hyn sy'n ei *gwneud* yn genedl, yr wyf am ddadlau, yn gosod Pobl o fewn i 'ffrâm' genedligol, *yw eu hymglywed â'r dimensiwn oesol hwn.* Yr *ymglywed* â'r dimensiwn, sylwer, nid y dimensiwn ei hun. Y mae parhad yr un bobl dros genedlaethau yn beth crai; dyma'r hyn a'u gwna fel pobl yn gymundod tynged. Eithr nid digon hynny ei hun i'w gwneud yn genedl, neu amhosibl fyddai gwahaniaethu rhwng Pobl a chenedl. Y ffactor ychwanegol ydyw dyfod Pobl fel *Pobl* – hynny yw, nid rhywrai yn eu mysg ond trwch y boblogaeth drwyddi – mewn rhyw ffordd neu'i gilydd *yn ymwybodol neu brofiadol o'r dimensiwn oesol hwn.*[7]

Felly, yn nhestun 1961, mae ymwybyddiaeth hanesyddol ymysg y boblogaeth yn chwarae'r un rôl â gwladwriaeth yn nhestun 1966 – yr elfen hollbwysig, yr elfen goll yn achos Cymru, sydd yn dyrchafu pobl i lefel cenedl.

Gallwn ofyn beth mae Jones yn ei olygu wrth gyfeirio at 'ymglywed â hanes'. Mae e'n defnyddio'r trosiad o sefyll o fewn 'trac' hanesyddol y genedl, llwybr sydd yn ymestyn o'r gorffennol i'r dyfodol. 'A daliaf fi mai yma y mae holl gyfrinach bod yn genedl: *sefyll, mewn rhyw ffordd neu'i gilydd, yn ymwybodol o fewn i'r trac hwn.*'[8] Wrth gwrs, mae natur yr ymwybyddiaeth hon, y modd o ymglywed â hanes, yn amrywio o berson i berson. Gwahaniaetha Jones rhwng *ymglywed echblyg* ac *ymglywed ymhlyg*. Gall unigolion dysgedig ymglywed â hanes y genedl yn uniongyrchol, mewn modd echblyg: 'Safant yn ellblyg yn y trac, yn yr ystyr y bydd ganddynt yn eu meddwl ryw fath o ddarlun ohono.'[9] Maent yn ymwybodol o ffeithiau a siâp hanes y genedl. Ond nid hanesydd mo pawb; nid yw pawb yn treulio eu hamser yn darllen traethodau ar athroniaeth hanes. I drwch y boblogaeth, medd Jones, rhaid cyfryngu hanes y genedl drwy symbolau cenedlaethol y maent yn eu profi'n feunyddiol. Yn achos Lloegr, mae Jones yn sôn am y teulu brenhinol, y lluoedd arfog, Big Ben, y Senedd ac adeiladau enwog Llundain, arian, stampiau, Jac yr Undeb a'r anthem genedlaethol. '*Y symbolau hyn yw ei dystion i'r pwy ydyw.* Cyfryngant iddo'r ymwybyddiaeth o sefyll yn Nhrac oesol y genedl Seisnig, o gyfranogi yng ngwead ei chenedligrwydd. Eithr yn symbolaidd, ac felly'n anechblyg, y cyfryngir yr ymwybyddiaeth iddo.'[10] Felly, gall aelodau llai dysgedig y boblogaeth ymglywed â hanes y genedl mewn modd ymhlyg. O ganlyniad, dadleua Jones, peth hollol warantedig, ragdybiedig yw hunaniaeth genedlaethol mwyafrif y boblogaeth (safbwynt sydd yn debyg i'r cysyniad o 'banal nationalism' yng ngwaith Michael Billig).[11]

Mae Jones yn defnyddio'r ddamcaniaeth hon i ddadansoddi sefyllfa Cymru. Fel yn *Prydeindod*, mae'n dadlau mai pobl, nid cenedl, sydd yn bodoli yng Nghymru, gan fod ffrâm y genedl, ymwybyddiaeth hanesyddol, yn eisiau. Sylwch fod llawer o'r symbolau sydd yn galluogi'r boblogaeth i ymglywed â hanes mewn modd ymhlyg yn gysylltiedig â'r llywodraeth – arian, stampiau, y frenhiniaeth, y Senedd ayyb. Collodd y Cymry eu gwladwriaeth, ac felly'r gallu i ffurfio symbolau tebyg:

> Am i ni golli'n gwladwriaeth, nid oes gennym sefydliadau gwladol gwahaniaethol i gyfryngu ein hanes yn symbolaidd i ni. Ac am i ni gael ein haddysg dros gyfnod hir gan lywodraeth a gweinyddiaeth estron, ni ddysgwyd mo'n hanes yn echblyg i ni chwaith. Y mae i'r ddwy ffaith yma'r canlyniad nad oes ar daen drwy drwch ein pobl fawr ddim ymglywed â'n gorffennol oesol. Nid oes ym meddwl toreth y boblogaeth ddim llun o drac Cymreig yn rhychwantu'r oesau ochr yn ochr â'r trac Seisnig.[12]

Roedd rhaid i genedligrwydd Cymreig ddibynnu yn gyfan gwbl ar y traddodiad diwylliannol, ac ni fedrai'r cwlwm hwn ysgwyddo'r baich cyfan. O ganlyniad, mae Jones yn dadlau, 'erthyl cenedligol' yw Cymru.

Felly, mae yna le canolog i hanes, i ymwybyddiaeth hanesyddol, yn namcaniaeth gwreiddiol Jones o'r genedl. Mae goblygiadau gwleidyddol y ddamcaniaeth yn amlwg: os ydym am barhau fel cenedl, rhaid i ni ymledu ymwybyddiaeth o hanes Cymru trwy drwch y boblogaeth. Ystyriwch ymdrechion dyfal Dr Elin Jones dros sicrhau lle i hanes Cymru yn ysgolion Cymru.[13] Y cwestiwn yr hoffwn i ei ofyn yw beth yw goblygiadau athronyddol dealltwriaeth Jones o'r berthynas rhwng y genedl a hanes. Yn neilltuol: beth yw *gwerth* y genedl mewn hanes, o safbwynt Jones? Y ffordd orau i wneud hynny yw cyferbynnu ei ddamcaniaeth â syniadau un o'r athronwyr mwyaf dylanwadol sydd erioed wedi trafod lle'r genedl mewn hanes a hanes yn y genedl, sef G. W. F. Hegel.

2. Hegel – hanes, ysbryd a'r genedl

Er mwyn deall safbwynt Hegel ar hanes a'r genedl, rhaid deall un o'r cyferbyniadau mwyaf pwysig yn ei athroniaeth – y cyferbyniad rhwng *ysbryd* a *natur*. Wrth sôn am ysbryd (*Geist* yn yr Almaeneg gwreiddiol), mae Hegel, fwy neu lai, yn golygu meddwl, deallusrwydd neu syniadaeth. Idealydd oedd Hegel, ac felly roedd yn credu fod datblygiadau ar lefel syniadau yn cyflyru datblygiadau ar y lefel faterol. Cyrchnod ei brosiect athronyddol oedd disgrifio strwythur a datblygiad yr ysbryd, a'i gysylltu â phrosesau a sefydliadau'r byd o'n cwmpas.

Nodwedd bwysicaf ysbryd, yn ôl Hegel, yw ei fodd *dilechdidol* o ddatblygu. Hynny yw, mae'r ysbryd yn datblygu drwy gyferbyniadau, yn camu ymlaen drwy oresgyn cyferbyniadau a'u huno ar lefel uwch. Felly, peth deinamig, datblygol yw'r ysbryd. Mae ganddo hanes cynyddol. Nid yw natur, ar y llaw arall, yn datblygu mewn modd dilechdidol:

> Nid yw ailddeffro natur yn ddim mwy nag ailadroddiad o'r
> un broses. Cronicl diflas ydyw, lle mae'r un cylchrediad yn
> ailymddangos drosodd a throsodd. Does dim byd newydd dan
> haul.[14]

Ysbryd dilechdidol, datblygol, cynyddol, a natur ailadroddus, safadwy, statig – dyna ddealltwriaeth Hegel.

Mae'r gwrthgyferbyniad hwn yn hollbwysig yn athroniaeth hanes Hegel, gan ei fod yn gwahaniaethu rhwng cenhedloedd *hanesyddol*, sydd yn hyrwyddo neu'n cymryd rhan yn natblygiad yr ysbryd, a chenhedloedd *anhanesyddol*, sydd yn gorwedd y tu allan i'r datblygiad hwn, ac felly yn agosach at *natur* nag *ysbryd*. Nawr, sut all cenedl 'gymryd rhan' yn natblygiad yr ysbryd? Yn ôl Hegel, trwy ymgorffori arweddau diweddaraf yr ysbryd yn ei fywyd cyffredin – yn ei gredoau crefyddol a moesol, yn ei ddiwylliant, ac, yn bennaf oll, yn ei *ddeddfau a sefydliadau gwleidyddol*. Yr elfen wleidyddol sydd yn anhepgor. Datblygiad pwysicaf yr ysbryd o safbwynt hanes, medd Hegel, yw esblygiad cysyniad *rhyddid*. Gallwn olrhain llwybr yr ysbryd drwy hanes drwy olrhain y ddealltwriaeth fwyfwy cyfoethog o ryddid a ymgorfforwyd yn neddfau a llywodraethau'r cenhedloedd. I ddyfynnu un o ddywediadau mwyaf enwog Hegel, mae canolbwynt hanes y byd yn symud o'r Dwyrain i'r Gorllewin, wrth i gysyniad rhyddid esblygu:

> I ddechrau, (cysyniad) y Dwyreinwyr, sydd yn deall mai dim ond *Un* sydd yn rhydd; yna byd Groeg a Rhufain, sydd yn deall fod *Rhai* yn rhydd, ac o'r diwedd, ein hymwybyddiaeth ni fod *Pob* dyn yn rhydd, a bod dynolryw yn naturiol yn rhydd.[15]

O ryddid diderfyn brenhinoedd absoliwt y Dwyrain, trwy ryddid cyfyngedig dinasyddion y weriniaeth glasurol, hyd at ryddid datblygedig y Gorllewin modern, gyda'i chyfarpar o hawliau a deddfau – dyma daflwybr yr ysbryd mewn hanes, yn ôl Hegel.

Mae'r cenhedloedd sydd yn rhan o'r datblygiad hwn yn *hanesyddol*, a'r gweddill yn *anhanesyddol*, neu *naturiol*. Mae Hegel yn gwahaniaethu rhwng y ddau mewn nifer o ffyrdd. Sylwch fod *gwladwriaeth* yn angenrheidiol er mwyn i genedl fod yn hanesyddol. Mewn sefydliadau gwleidyddol a chyfreithiol yr ymgorfforir y cysyniad diweddaraf o ryddid; felly, ni all cymdeithas heb wladwriaeth gymryd rhan yn natblygiad yr ysbryd – ni all cymdeithas heb wladwriaeth fod yn hanesyddol. Dyma un maen prawf am statws hanesyddol cenedl. Mae Robert Bernasconi yn dadlau mai'r gallu i gadw cofnodion, *historia rerum gestarum*, yw'r maen prawf arall. Heb ymwybyddiaeth o'r gorffennol, ni allai'r wladwriaeth weithredu'n rhesymegol.[16] Mae'r wladwriaeth, yr ymwybyddiaeth o hanes, a datblygiad yr ysbryd ynghlwm. Er mwyn bod yn hanesyddol, felly, rhaid i genedl (1) feddu ar wladwriaeth, (2) ddiogelu cofnodion dibynadwy, a (3) ymgorffori'r cysyniad diweddaraf o ryddid yn ei sefydliadau gwleidyddol.

Ar sail y ddadl hon, mae Hegel yn rhannu'r byd yn ddau. Ar un ochr, ceir y cenhedloedd hanesyddol: hen ymerodraethau'r dwyrain megis Tsieina, India, Mesopotamia, yr Aifft, ayyb; gweriniaethau Groeg a Rhufain; a'r *Rechtstaat* Gorllewinol modern, sy'n bodoli yn Ewrop ers y Chwyldro yn Ffrainc. Mae pob un ohonynt ym mlaengad yr ysbryd yn ei amser. Ar yr ochr arall, ceir y cenhedloedd anhanesyddol: holl bobloedd Affrica Is-Sahara, brodorion Gogledd a De America, a phobl Awstralia, Seland Newydd a'r Môr Tawel. Mae'r cenhedloedd hyn yn agosach at natur nag ysbryd, chwedl Hegel. Maent yn gorwedd tu allan i hanes, heb naill ai wladwriaeth, na chof oesol, na chysylltiad â'r ysbryd.

Efallai y gallwch rag-weld rhai o'r problemau gyda'r safbwynt hwn. Yn y cyflwyniad i'w ddarlithoedd ar athroniaeth hanes, mae Hegel yn troi o drafod Affrica i drafod Asia gan grybwyll nad oes eisiau dweud dim mwy am Affrica, 'gan ei fod yn gyfandir heb hanes, heb symudiad neu ddatblygiad ei hun … Yr hyn a elwir yn Affrica go iawn yw'r wlad anhanesyddol ac annatblygedig yna sydd yn dal ynghlwm yn yr ysbryd naturiol, bu rhaid sôn amdano cyn croesi trothwy hanes y byd ei hunan.'[17] Ceir sylwadau tebyg am America a'r Môr Tawel. Mae Hegel hyd yn oed yn darostwng

Tsieina ac India – Tsieina ac India *gyfoes* – i'r lefel anhanesyddol. Er iddynt hyrwyddo datblygiad yr ysbryd yn y gorffennol, maent erbyn dechrau'r bedwaredd ganrif ar bymtheg wedi llithio'n ôl o'r ysbryd i natur. Sail dadl Hegel, yn ôl Bernasconi, yw methiant y ddwy wlad yng nghyswllt meini prawf y wladwriaeth a'r gallu i gadw cofnodion hanesyddol. Does dim gwladwriaeth na chofnodion yn India, yn ôl Hegel, ac er bod gwladwriaeth yn Tsieina, nid yw'n cadw cofnodion dibynadwy. Felly, ni all y gwledydd hyn gymryd rhan yng nghynnydd yr ysbryd; maent bellach yn naturiol ac anhanesyddol:

> Rhaid i ba newyddbeth bynnag sydd yn disodli'r hyn a ddinistriwyd suddo a chael ei ddinistrio yn ei dro; does dim cynnydd: a chanlyniad yr holl symudiad aflonydd hyn yw hanes anhanesyddol.[18]

Yng ngeiriau Bernasconi, 'China and India are ultimately, in spite of the attention given them, counted no more worthy as objects of Mnemosyne than Africa.'[19]

Bu cryn dipyn o drafodaeth ymysg arbenigwyr am hiliaeth athroniaeth hanesyddol Hegel, gyda Robert Bernasconi yn dadlau bod gwahaniaethau hiliol yn hanfodol i'w athroniaeth hanesyddol, a Joseph McCarney yn amddiffyn Hegel trwy wadu'r ffaith ei fod yn hiliwr biolegol (fel Kant). Yn ddiweddar, mae Teshale Tibebu wedi trin y cwestiwn yn ei lyfr *Hegel and the Third World: The Making of Eurocentrism in World History*.[20] Beth bynnag yw'n casgliad ynglŷn â hiliaeth y ddamcaniaeth hon o'r genedl mewn hanes, mae'n sicr fod safbwynt Hegel yn gefnogol i oruchafiaeth a gwladychiaeth Ewropeaidd. Yn wir, mae'r ddamcaniaeth yn addurno gwladychiaeth gyda thlysau metaffisegol.

Ym marn Hegel, mae gan y cenhedloedd hanesyddol, sydd yn cynrychioli'r ysbryd yn ei anterth (h.y. cenhedloedd Ewrop) bob hawl i *lusgo'r* cenhedloedd anhanesyddol (h.y. pobloedd

Affrica, De a Gogledd America a'r Môr Tawel) a'r cenhedloedd sydd wedi suddo yn ôl i gyflwr anhanesyddol (Tsieina ac India) i mewn i ffrwd hanes, i mewn i daflwybr yr ysbryd. Trwy oresgyn a gwladychu'r cenhedloedd hyn, felly, mae'r cenhedloedd hanesyddol yn cyflawni gwaith yr ysbryd. Wrth drafod gwladychiad De America, mae Hegel yn cydnabod fod 'bron saith miliwn o bobl' wedi marw. Er hyn, roedd y gwladychiad yn gyfiawn: 'diwylliant naturiol pur oedd diwylliant America, yn enwedig yn y ffurf a ddatblygodd ym Mecsico a Pheriw ... roedd *rhaid* iddo ddarfod wrth i'r ysbryd agosáu'.[21] Mewn man arall, mae Hegel yn cymeradwyo ymdrechion Ffrainc i oresgyn gogledd Affrica. Er nad oedd y rhanbarth ei hun yn hanesyddol, mae nifer o genhedloedd hanesyddol – Carthaginiaid, Groegwyr, Rhufeiniaid, Arabiaid – wedi ei wladychu, ac felly wedi 'achub' gogledd Affrica rhag cyflwr naturiol, anhanesyddol Affrica Is-Sahara:

Mae'r rhan hon o Affrica, fel y Dwyrain Agos, wedi ei throi tuag at Ewrop; *dylid*, *rhaid* ei dwyn i mewn i gylch dylanwad Ewrop, fel y mae'r Ffrancwyr wedi llwyddo i'w wneud yn ddiweddar.[22]

Mae'n anodd anghytuno â honiad Patricia Purtschert ynglŷn ag athroniaeth hanes Hegel: 'the trajectory of spirit corresponds to the project of European colonialism'.[23]

Dyna safbwynt Hegel ar hanes a'r genedl, felly. I gloi, beth allwn ddysgu drwy gyferbynnu'r safbwynt hwn gyda syniadau J. R. Jones?

3. Y Bychanfyd – Cyfryngu'r Cyffredinol

Mae gan hanes le canolog yn y ddwy ddamcaniaeth. Yn ôl Jones – yn 1961, o leiaf – hanes yw'r 'ffrâm' sydd yn dyrchafu pobl i lefel cenedl. Trwy ymglywed â'n hanes, naill ai'n ymhlyg neu'n echblyg, deuwn yn ymwybodol o fod yn rhan o gymundod dynol gyda '[th]rac sydd yn rhychwantu'r oesoedd'. Mae Hegel, yn ogystal, yn ystyried ymwybyddiaeth o hanes ar ffurf cofnodion, *historia rerum gestarum*, fel elfen hanfodol sydd yn gwneud cymuned ddynol yn genedl hanesyddol. Ond ar y cyfan, ffactorau metaffisegol sy'n bwysig i Hegel. Cenedl sydd yn cymryd rhan yn natblygiad yr ysbryd yw cenedl hanesyddol, un sydd yn llwyddo i ymgorffori strwythurau cyffredinol yr ysbryd yn ei diwylliant, ei gwerthoedd moesol ac yn arbennig yn ei sustem gyfreithiol a gwleidyddol. Gwae i'r cenhedloedd heb wladwriaeth, felly; gwae i'r cenhedloedd sydd y tu allan i daflwybr yr ysbryd. Mae gan y cenhedloedd hanesyddol – sef, yn yr oes fodern, cenhedloedd y Gorllewin – bob hawl i orfodi'r cenhedloedd anhanesyddol i ymuno â ffrwd hanes. Pa ots saith miliwn o gyrff celain? Rhaid oedd iddynt ddarfod, wrth i'r ysbryd agosáu.

O ystyried goblygiadau safbwynt Hegel o ran hiliaeth, gormes a gwladychiaeth, mae hi'n hawdd ochri gyda safbwynt Jones. Ond mae yna nifer o gwestiynau agored yng nghyswllt y safbwynt hwn. Hyd yn hyn, rwyf wedi ystyried *disgrifiad* a *dadansoddiad* Jones o'r genedl, yn hytrach nag unrhyw ddadl o blaid *gwerth* y genedl. Beth yw cenedl? Casgliad o glymau cydymdreiddiol o fewn ffrâm hanesyddol. Iawn; ond beth yw *gwerth* cenedl? Pam y dylai unrhyw genedl benodol fodoli? Pam y dylem ni, yng Nghymru heddiw – neu yng Ngwlad y Basg, neu yng Nghwrdistan – ymdrechu i ddiogelu ein cenedligrwydd bregus? Peth hawdd fyddai ymdoddi i'r cenhedloedd mwy sefydlog, mwy llwyddiannus drws nesaf.

Gall Hegel gynnig ateb. Mae gan ambell genedl werth, gan ei bod yn rhan o flaengad hanes. Trwy ymgorffori strwythurau cyffredinol yr ysbryd yn eu sefydliadau (yn bennaf, ymgorffori'r cysyniad diweddaraf o ryddid yn eu sefydliadau gwleidyddol), mae'r cenhedloedd blaenllaw hyn yn ennill gwerth metaffisegol. Felly, mi fedr damcaniaeth Hegel egluro gwerth lleiafrif o genhedloedd 'hanesyddol' penodol – ar draul yr holl genhedloedd 'anhanesyddol' y mae'r ddamcaniaeth yn eu dibrisio a'u diraddio. Y cwestiwn yw hyn: ydy hi'n bosib dadlau bod gan genedl benodol werth, ac y dylid ei diogelu, heb gael ein dal yn y fagl Hegelaidd o ddadlau bod gan y genedl hon *oruchafiaeth*, ac felly hawl i ormesu dros genhedloedd eraill?

Medrwn ddatrys y benbleth hon trwy ddefnyddio un o'r cysyniadau mwyaf cywrain a grymus yn syniadaeth J. R. Jones – y *bychanfyd*.

Hyd yn hyn, dydy athronwyr heb werthfawrogi hynodrwydd cysyniad y bychanfyd. Maent fel arfer yn cymryd bod Jones yn defnyddio'r term i ddadlau mai byd bach ar ei liwt ei hun yw cenedl. Diffinnir y cysyniad gan Huw L. Williams, er enghraifft, fel 'ffordd unigryw o gyfarfod, disgrifio a deall y byd o'n cwmpas, sydd yn creu cof a geirfa gyfunol sydd yn glynu pobl at ei gilydd'.[24] Digon cywir; ond dydy'r dehongliad hwn ddim yn cyffwrdd â chraidd y bychanfyd. Jones fathodd y term Cymraeg yn 'Cristnogaeth a Chenedlaetholdeb' yn 1963.[25] Yn y testun yna, mae e'n awgrymu bod 'bychanfyd' yn cyfateb i'r term 'microcosm' yn Saesneg. Mae gan y gair hwn wreiddiau Groeg. Bathodd Aristoteles y term μικρῴ κόσμῳ (*mikros kosmos*) yn y *Ffiseg*,[26] ac fe wnaeth llawer o awduron yr henfyd ei ddefnyddio fel trosiad meddygol a gwyddonol. Roedd y term yn cyfleu'r syniad fod y corff dynol yn cyfateb ar raddfa fechan i'r bydysawd cyfan ar raddfa fawr. Cyfieithwyd y term i'r Lladin fel *microcosmus* yn ystod y ddeuddegfed ganrif, ac i Ffrangeg Canol fel *microcosme* a Saesneg Canol fel *mycrocossmos* tua 1200. Trwy gydol y cyfnod, defnyddid y term i gyfleu'r syniad o berthynas rhwng strwythur y corff dynol a'r bydysawd. Wrth i wyddoniaeth gefnu ar y syniad hwn yn yr oes fodern gynnar, daeth awduron i ddefnyddio'r term fel trosiad am unrhyw achos lle roedd sefyllfa ar raddfa fach (y *microcosm*) yn cynrychioli neu grynhoi sefyllfa ar raddfa fawr (y *macrocosm*).

Term hyblyg yw *bychanfyd*, yn nwylo Jones. Yn *Prydeindod*, mae'n trosi brawddeg o'r *Reden an die deutsche Nation* (Anerchiadau i'r Bobl Almaenig) gan J. G. Fichte:

> Was dieselbe Sprache redet, das ist schon vor aller menschlichen Kunst vorher durch die blose Natur mit einer Menge von unsichtbaren Banden ân einandergeknüpft; es versteht sich unter einander und ist fähig, sich immerfort klarer zu verständigen, es gehört zusammen und ist natürlich eins und ein unzertrennliches **Ganzes**

fel:

> Clymwyd y rhai a sieryd yr un iaith â mil o glymau dirgel gan natur ei hunan, ymhell cyn bod dechrau ar ddyfais a chelfyddyd dyn. Y maent yn deall ei gilydd – yn gymundod cyfathreb – ac wrth natur, felly, yn un **bychanfyd** afranadwy.[27]

Ystyr llythrennol *Ganze* yw *cyfanrwydd* neu *cwbl*. Ac yn *Gwaedd yng Nghymru*, mae Jones yn defnyddio'r term nifer o weithiau wrth gyfieithu Simone Weil. Mae'r brawddegau hyn o *L'Enracinement* (Yr Angen am Wreiddiau):

> L'enracinement est peut-être le besoin le plus important et le plus méconnu de l'âme humaine. C'est un des plus difficiles à définir. Un être humain a une racine par sa participation réelle, active et naturelle à l'existence d'une **collectivité** qui conserve vivants certains trésors du passé et certains pressentiments d'avenir

yn ymddangos fel:

> Bod yn wreiddiedig yw angen dyfnaf dyn; eto hwn, o'i holl reidiau, yw'r un a ystyrir leiaf wrth gynllunio ar ei gyfer. Gwreiddiwn drwy gyfranogi'n naturiol ym mywyd **bychanfyd** sydd yn rhychwantu'r oesoedd am ei fod yr un pryd yn llestr

diogelu rhyw ddarn arbennig o drysor y gorffennol ac yn wynebu'r dyfodol gyda gwaddol o ddisgwyliadau arbennig.

Eto, mae Jones yn cyfieithu darn o'r *Écrits de Londres*:

> L'âme humaine a besoin par-dessus tout d'être enracinée dans plusieurs **milieux** naturels et de communiquer avec l'univers à travers eux.
>
> La patrie, les milieux définis par la langue, par la culture, par un passé historique commun, la profession, la localité, sont des exemples de **milieux naturels**.
>
> Est criminel tout ce qui a pour effet de déraciner un être humain ou d'empêcher qu'il ne prenne racine.

fel:

> Yr ydym angen ein gwreiddio mewn nifer o **fychanfydau** naturiol – ein cymdogaeth a'n gwlad, y mannau lle siaredir ein hiaith, a'r mannau bioedd rhyw ddiwylliant neu orffennol hanesyddol yr ydym gyfrannog ynddo. Ysgeler yw popeth a ddiwreiddia ddyn neu a'i rhwystra rhag dod yn wreiddiedig.[28]

Ystyr llythrennol *collectivité* yw *grŵp*, *cyfungorff* neu *gymuned*, ac ystyr llythrennol *milieux* yw *amgylchfyd*, *cylch* neu *gynefin*. Rhaid cydymdeimlo gyda sylw Simon Brooks am gyfieithiadau 'rhydd (iawn)' J. R. Jones![29] Sut bynnag, beth yn union *yw* cysyniad Jones o'r bychanfyd – cysyniad sydd yn cyffwrdd ar *mikros kosmos* Aristoteles, *Ganz* Fichte a *collectvité* a *milieux* Weil?

Rhaid deall y bychanfyd yng nghyswllt safbwynt Jones ar y natur ddynol. Creaduriaid *hunan-drosgynnol* yw bodau dynol, sydd yn meddu ar allu *creadigol* ac yn ysu am *ryddid*.[30] Ond mae ein rhyddid, ein creadigaeth, a'n hunan-drosgynoldeb yn dibynnu ar ddau amod: (1) cyswllt â 'strwythurau cyffredinol' y meddwl dynol, a (2) bod yn wreiddiedig mewn gofod ac amser. 'Hynny yw,' medd Jones:

y mae'n rhaid i ni wrth **fychanfyd** (microcosm) a fydd nid yn unig
yn cyflwyno i ni gynnyrch meddwl yr oesoedd ond **yn sefyll ei
hunan hefyd yn yr oesoedd**. Beth yw'r rheswm am hyn? Oni
bai ei gysylltu o ran ei feddwl â'r hyn a alwaf (yn niffyg ymadrodd
Cymraeg) yn 'structures of universality', y mae'n eglur na fedrai
dyn fod wedi creu ei wareiddiadau; dal i lercian yng ngwyll y
bywyd cyntefig y byddai.[31]

Er mwyn ffynnu, rhaid i ni ymwneud â *strwythurau cyffredinol* y
meddwl dynol, sef 'cyflawniadau creadigol' ac 'ymehangiad ei
ysbryd i lawr y canrifau'.[32] Mae yna debygrwydd amlwg rhwng
y syniad hwn o strwythurau cyffredinol a gynhyrchwyd gan y
meddwl dynol dros yr oesoedd a chysyniad yr ysbryd yng ngwaith
Hegel.

Fedrwn ni ddim, fel unigolion, ymwneud yn uniongyrchol
â'r strwythurau cyffredinol hyn. 'Rhaid i'r "structures" hyn,
gan hynny, fod wedi eu gweithio i mewn i wead sylweddau ei
fychanfyd.'[33] Rhaid eu cyfryngu gan rywbeth sydd yn gorwedd
hanner ffordd rhwng y cyffredinol a'r neilltuol, a bychanfyd y
genedl, yn nhyb Jones, yw'r peth mwyaf addas i'r perwyl hwn.
Mae'r sylwadau hyn am fychanfyd sy'n cyfryngu neu grynhoi
strwythurau cyffredinol y meddwl dynol yn eithaf astrus. Ond
medrwn ddehongli honiadau Jones fel hyn: er mwyn i mi ddeall
syniadau mawr fel cyfiawnder, rhyddid, rhinwedd ac yn y blaen,
rhaid i mi eu canfod yn y byd beunyddiol o'm gwmpas. Mae'r
syniadau eu hunain yn rhy haniaethol, yn rhy fawr i'w llyncu heb
eu cnoi. Rwyf yn dod i ddeall deddf hollfydol disgyrchiant trwy
wylio'r afal neilltuol yn syrthio o'r goeden neilltuol o'm blaen i.
Eto, medraf ddeall patrymau hanes y byd ym mhatrymau hanes
fy nghenedl, a chyraeddiadau diwylliannol dynolryw ar raddfa
fechan fy niwylliant brodorol. '**Crynhoad o gynnwys y byd**' yw
cynnwys y bychanfyd:

Ac yn ymwybyddiaeth aelodau'r bychanfyd y bydd y crynhoad.

Cyfryngu iddynt hwy grynhoad o'r byd, dyna swydd y bychanfyd – ac nid yn unig o'r byd fel y mae'n gorwedd y funud hon mewn gofod, ond fel y cerddodd ac y tyfodd i lawr y canrifau.[34]

Felly, mae angen bychanfyd sydd yn cyfryngu a chrynhoi strwythurau cyffredinol, er mwyn galluogi unigolion i afael ynddynt. Ond beth sydd yn arbennig am y genedl? Pam na all pethau eraill – y cartref, y teulu, y fro, bywyd a phrofiad yr unigolyn – chwarae'r un rôl? Yn ôl Jones, mae'r pethau hyn yn rhy gul.[35] Peth byrhoedlog yw oes unigolyn a llinach teulu mewn amser, a pheth cyfyng yw estyniad cartref a bro yn y gofod. Byddai'r bychanfydoedd hyn yn carcharu yn hytrach na rhyddhau bodau dynol.[36] Ar y llaw arall, mae'r hil ddynol gyfan a hanes y byd i gyd yn rhy eang. Fedra i ddim gafael mewn strwythurau cyffredinol yn nirfawredd gofod ac amser.[37] '*Bychanfyd* a geisiwn yn Amgylchfyd yr Oesoedd – hufen yr oesoedd wedi ei **gywain** i mewn i wahanrwydd a'i **gyfryngu i'r unigolyn** drwy'r gwahanrwydd hwnnw.'[38] Mae angen bychanfyd o'r *math* cywir a'r *maint* cywir ar fodau dynol, cartref mewn tirwedd ddiddiwedd. Dim ond y genedl sydd yn addas.

Nawr, mae yna debygrwydd hynod rhwng cysyniad Jones o'r bychanfyd cenedligol ac agweddau ar athroniaeth hanesyddol Hegel. Yn ôl Hegel, mae cenhedloedd yn ymgorffori strwythurau'r ysbryd yn eu sefydliadau gwleidyddol a chyfreithiol, ac yn eu moeseg a defod (*Sittlichkeit*). Cenhedloedd 'hanesyddol' yw'r rhai sydd yn llwyddo i ymgorffori esblygiadau diweddaraf yr ysbryd, ac mae ganddynt hawl i deyrnasu dros genhedloedd 'anhanesyddol.' Yn ôl Jones, swyddogaeth bychanfyd y genedl yw cyfryngu a chrynhoi strwythurau cyffredinol y meddwl dynol, er lles unigolion. Canfod y strwythurau cyffredinol hyn, o fewn cylch penodol mewn gofod ac amser, sydd yn galluogi bodau dynol i'w trosgynnu eu hunain, i greu diwylliant ac i fod yn rhydd.

Mae'r genedl mewn hanes, felly, yn chwarae rôl debyg yn y ddwy ddamcaniaeth. Ond y peth diddorol yw bod gan y damcaniaethau oblygiadau hollol wahanol.

Cynnydd yr ysbryd sydd yn hollbwysig o safbwynt Hegel. Mae'r genedl yn werthfawr *i'r graddau ei bod yn hwyluso datblygiad yr ysbryd*, ac yn ddiwerth os ydyw'n sefyll tu allan i lwybr y datblygiad hwn. I Hegel, felly, dim ond y cenhedloedd hanesyddol sydd yn meddu ar werth metaffisegol. O safbwynt Jones, mae gwerth y genedl yn deillio yn y pen draw o les bodau dynol unigol: bychanfyd y genedl sydd yn eu galluogi i ymgartrefu mewn gofod ac amser diderfyn, ac i ganfod strwythurau cyffredinol y meddwl dynol.[39]

I Jones – a dyma graidd fy nadl – *mae gan bob bychanfyd cenedligol werth*, gan *fod pob un ohonynt* yn crynhoi a chyfryngu strwythurau cyffredinol mewn modd *gwahanol ac unigryw*. Gall strwythurau cyffredinol gael eu crynhoi mewn nifer fawr o ffyrdd, wedi'r cyfan. 'Daw iddi fel hyn beth o werth y cyfanfyd gwrthrychol a pheth o werth yr eneidiau y mae hi'n cyfryngu cynnwys y cyfanfyd iddynt.'[40] Does dim sail yn y ddamcaniaeth hon i roi goruchafiaeth i unrhyw genedl benodol, nac i ddibrisio cenhedloedd arall.[41] Mae yna sail, ar y llaw arall, i ddadlau bod gwerth arbennig yn perthyn i *bob* bychanfyd cenedligol, pob crynhoad unigryw o'r strwythurau cyffredinol, ac y dylid eu gwarchod:

> Ar y dafell hon o ddaear fe **ddistyllodd y canrifau allan o ddeunydd cyraeddiadau'r ysbryd fychanfyd anghyffelyb** yn cario ei gof anghyffelyb ei hun … Eithr colli *bychanfyd* a fyddai colli Cymru, colli **un crynhoad o'r byd sydd (fel pob un arall, wrth gwrs) yn anghyffelyb ac anadferadwy**.[42]

Tra bo damcaniaeth Hegel yn gwahaniaethu rhwng cenhedloedd 'hanesyddol' uwchraddol a chenhedloedd 'anhanesyddol' israddol, mae damcaniaeth Jones yn cynnig dadl o blaid gwerth *pob* cenedl.

Gall unrhyw fychanfyd cenedligol hyrwyddo ffyniant bodau dynol. Ar yr un pryd, mae pob cyfryngiad lleol o'r strwythurau cyffredinol yn hollol unigryw – yn rhywbeth sydd yn ymddangos unwaith yn unig ar wyneb y ddaear. Wedi gorfawredd metaffisegol safbwynt Hegel ar y genedl mewn hanes, mae J. R. Jones yn adrodd neges syml. Rhaid i fodau dynol fyw yn rhywle, a rhaid i ni warchod pensaernïaeth unigryw ein cartref.

Nodiadau

[1]   J. R. Jones, *Prydeindod* (1966; e-argraffiad, Caerfyrddin: Coleg Cymraeg Cenedlaethol, 2013), *https://llyfrgell.porth.ac.uk/View.aspx?id=2038~4n~NOV t9fmN*, tt. 9–10.

[2]   Ibid., t. 13.

[3]   Ibid., tt. 19–20.

[4]   R. Tudur Jones, 'Cenedlaetholdeb J. R. Jones', *Efrydiau Athronyddol*, XXXV (1972), 28.

[5]   Jones, *Prydeindod*, t. 11.

[6]   Idem, 'Y Syniad o Genedl', yn idem, *Ac Onide* (1970; e-argraffiad, Caerfyrddin: Coleg Cymraeg Cenedlaethol, 2013), *https://llyfrgell.porth.ac.uk/View.aspx?id=2041~4h~GEh0Q97L*, t. 86.

[7]   Ibid., t. 88.

[8]   Ibid., t. 90.

[9]   Ibid.

[10]   Ibid., t. 91.

[11]   Gw. Michael Billig, *Banal Nationalism* (London: Sage Publications, 1995).

[12]   Jones, 'Y Syniad o Genedl', tt. 94–5.

[13]   Gw. *http://golwg360.cymru/newyddion/cymru/199132-dim-digon-o-hanes-cymru-mewn-ysgolion* (cyrchwyd 11 Tachwedd 2016).

[14]   Wedi ei seilio ar G. W. F. Hegel, *Lectures on the Philosophy of World History. Introduction: Reason in History*, cyf. H. B. Nisbet (Cambridge: Cambridge University Press, 1995), t. 61 [o hyn ymlaen *Cyflwyniad*].

[15]   Ibid., tt. 54–5.

[16]   Robert Bernasconi, 'With what must the philosophy of world history begin? On the racial basis of Hegel's Eurocentrism', *Nineteenth-Century Contexts*, 22:2 (2000), 178–9. Gw. yn ogystal Hegel, *Cyflwyniad*, t. 136.

[17]   Hegel, *Cyflwyniad*, t. 190.

[18]   Ibid., t. 199.

[19]   Bernasconi, 'With what must the philosophy of world history begin?', 189.

[20]   Teshale Tibebu, *Hegel and the Third World: The Making of Eurocentrism in World History* (Syracuse, NY: Syracuse University Press, 2011).

[21]   Hegel, *Cyflwyniad*, t. 163.

[22]   Ibid., t. 174.

[23]   Patricia Purtschert, 'On the limits of spirit: Hegel's racism revisited', *Philosophy and Social Criticism*, 36:9 (2010), 1045.

[24]   Huw L. Williams, *Credoau'r Cymry* (Caerdydd: Gwasg Prifysgol Cymru, 2016), t. 189.

[25]   J. R. Jones, *Cristnogaeth a Chenedlaetholdeb* (d.d.; e-argraffiad, Caerfyrddin: Coleg Cymraeg Cenedlaethol, 2013), *https://llyfrgell.porth.ac.uk/View.aspx?id =1985~4x~8wS88MtU*.

[26]   Aristoteles, *Ffiseg*, 8.2, 252b.

[27]   Jones, *Prydeindod*, t. 9.

[28]   Idem, *Gwaedd yng Nghymru* (1970; e-argraffiad, Caerfyrddin: Coleg Cymraeg Cenedlaethol, 2013), *https://llyfrgell.porth.ac.uk/View.aspx?id=1986~4y~AkgxJ XFh*, t. 5.

[29]   Simon Brooks, *Pam na fu Cymru* (Caerdydd: Gwasg Prifysgol Cymru, 2015), t. 29.

[30]   Jones, *Gwaedd yng Nghymru*, tt. 9–10.

[31]   Idem, *Cristnogaeth a Chenedlaetholdeb*, t. 6.

[32]   Idem, *Gwaedd yng Nghymru*, t. 11.

[33]   Idem, *Cristnogaeth a Chenedlaetholdeb*, t. 6.

[34]   Idem, *Gwaedd yng Nghymru*, t. 11. Ysgrifennodd Jones draethawd estynedig ei radd meistr ar gyffredinolion (*universals*), yn benodol cysyniad y cyffredin diriaethol (*concrete universal*) yng ngwaith Spinoza. Gw. Walford Gealy, 'J. R. Jones: "How Do I Know Who I Am?": The Passage from Objects to Grammar', yn John Edelman (gol.), *Sense and Reality: Essays Out of Swansea* (Heusenstamm: Ontos Verlag, 2009), t. 70. Hyd y gwelaf, nid yw athronwyr wedi archwilio'r cysylltiad posib rhwng ei waith cynnar metaffisegol a'i waith diweddar gwleidyddol hyd yn hyn. Noder, yn ogystal, fod Hegel yn ystyried *Weltgeist* (ysbryd y byd, yr ysbryd mewn hanes) yn enghraifft o'r cyffredin diriaethol.

[35]   Jones, *Gwaedd yng Nghymru*, t. 10. Gw. yn ogystal idem, *Cristnogaeth a Chenedlaetholdeb*, t. 6: 'dyma sut y mae cymundodau organaidd fel y teulu neu'r gymdogaeth yn annigonol'.

[36]   Idem, *Gwaedd yng Nghymru*, t. 11.

[37]   Ibid., tt. 11–12.

[38]   Ibid., t. 12.

[39]   Idem, *Cristnogaeth a Chenedlaetholdeb*, t. 9.

[40]   Ibid.

[41]   Peth ar wahân yw beirniadu cenedl yn foesol am ei deddfau a'i defodau, wrth gwrs. Does dim angen ffoi oddi wrth fetaffiseg lym Hegel i berthynolaeth remp.

[42]   Jones, *Gwaedd yng Nghymru*, t. 11.

Hil, iaith a'r gwrth-ffasgaidd yng ngwaith J. R. Jones

Simon Brooks

CEIR DATGANIAD CLASUROL J. R. Jones o'i safbwynt mai mewn cydymdreiddiad â'u tir y mae iaith Pobl, a bod hyn yn eu gwarchod '*rhag y gwyriad ffasgaidd*' o gydymdreiddiad rhwng tir ac hil, yn *Prydeindod*. Sefydlir yn y datganiad cychwynnol hwn ddeublygrwydd, sef bod cymundod dynol yn ffrwyth cydymdreiddiad rhwng y materol, a fynegir yng ngwaith J. R. Jones trwy'r trosiad o dir, a'r ysbrydol, a gymer yn ei waith ffurf ieithyddol. Am y cymer ffurf ieithyddol, mae'n annichonadwy iddo gymryd ffurf fywydegol, neu hiliol.

Ac felly mae'n gwneud y datganiad pwysig:

> nad fel clymydd bywydegol megis gwaedoliaeth neu hil y mae iaith yn clymu. Clymu ysprydoedd dynion y mae. Yn y côf, nid yn y gwythiennau, y rhed ei hymglymiad. Eto nid cynnyrch ewyllys dynion mohoni. Y mae'n perthyn i hanes yn hytrach nag i natur grai, eithr nid yn yr un ffordd ag y perthyn y wladwriaeth, neu'r gyfraith dyweder, i hanes. Nid o ewyllys a dyfais y cymundod a'i piau y deilliodd, ond sylwedd ydyw a blethodd natur i mewn i wead hanes. […]
> Wrth fynnu, fel hyn, y llunir Pobl gan eu hiaith, fe gydiwn y 'bychanfyd deuglwm' wrth natur a'i leoli, yr un pryd, yn *yspryd* dyn. Y mae'r *lleoliad* hwn yn eithriadol bwysig oblegid yr anghenraid (byth bellach) i ddiogelu'r syniad o 'Bobl' *rhag y gwyriad*

ffasgaidd. Fe gythreuliwyd y syniad hwn gan y ffasgiaid drwy'r union ystryw o dra-dyrchafu'r 'ffurfiant deuglwm' fel gwir graidd y Genedl, a'i droi, yr un pryd, yn dramgwydd hiliol dieflig drwy osod daear Pobl mewn cydymdreiddiad deuglwm, nid â'u hiaith, ond â'u gwaed.[1]

Mae'r oslef wrth-hiliol hon yn bwysig eithriadol ganddo. Fe'i hailadroddir bob gafael. Felly yn ei bamffledyn hanfodol, *Yr Ewyllys i Barhau*, sy'n drafodaeth ar ragoriaeth cenedlaetholdeb 'ethnig' (nid hiliol, sylwer) ar genedlaetholdeb 'sifig', sonnir am 'ysbryd neu gof y Bobl'. 'Nid y cof "hiliol" bondigrybwyll mo hwn,' meddai wrth ddiffinio ei fetaffiseg, 'ond y cof oesol cenedligol, cof iaith y Bobl.'[2] A cheir yr un pwyslais eto yn *Cristnogaeth a Chenedlaetholdeb*:

> Rhoddais le blaenllaw i'r syniad o sylwedd cenedligol organaidd y daw dyn drwy dynged ei eni yn wreiddiedig ynddo. Yr wyf am wneud yn gwbl glir nad yn *hiliol* – hynny yw, nad fel math o 'racial substance' – y deallaf fi'r sylwedd hwn. Pan ddywedir mai gwahanrwydd yn bod wrth natur yw'r gwahanrwydd cenedligol, rhaid peidio cymysgu natur â gwaedoliaeth ac felly ddwyn ystyriaethau bywydegol i mewn i'r diffiniad o genedl. Y mae hwn yn gymysgedd syniadol sydd i'w osgoi fel gwenwyn. Y mae'n wir y dywedwn am ddyn weithiau ei fod 'o waed Cymreig' ond ystyr hynny yw ei ddyfod o lwynau rhieni oedd yn Gymry. Nid yn y gwaed y trosglwyddir y sylwedd cenedligol ond yn y meddwl, a chyfrwng ei drosglwyddiad yw hanes. Canys ffrâm o ymwybod yw'r gwahanrwydd – mater o ymglywed â bod yn bobl wahanol. Ac nid hiliol, gan hynny, mo'r sylwedd eithr sylwedd moesol a diwylliannol ydyw – 'ethical and cultural substance'. Nid dyfais dyn mohono, wrth gwrs, sylwedd organaidd ydyw a blethodd natur i mewn i wead hanes. Ond ni olyga hynny bod unrhyw fath o raniad hiliol neu wahanrwydd gwaed yn mynd ynglŷn ag ef. Myth annynol – a myth annuwiol – yw honno.[3]

Ymwrthyd felly â hil fel arwyddnod o hunaniaeth. Yng ngwaith J. R. Jones, fel mewn cenedlaetholdeb Cymraeg diwylliannol yn fwy cyffredinol, mae iaith am y pared â hil, ac mae iaith yn disodli hil. Ond cwyd hyn ystyriaeth bwysig. Ai metaffor am hil yw iaith; hynny yw, a yw iaith yn ffordd o ddyrchafu cymuned ysbrydol y mae ei gwreiddiau yn rhai hiliol, er gwadu hynny, ynteu a yw'n bod ar wahân iddi, yn gyfan gwbl?

Yn Lloegr, bu hil yn dra phwysig. Am nad yw iaith yn fater o bwys cenedligol yn y wlad honno, cyfyd y cwestiwn hil ei ben. Cafwyd felly yn Eisteddfod Genedlaethol Aberafan, 1968, J. R. Jones yn condemnio araith 'Rivers of Blood' Enoch Powell a draethwyd ychydig fisoedd ynghynt. Roedd Powell, meddai J. R. Jones, wedi codi caead casineb hiliol ac wedi dangos bod potensial ymysg y Saeson am gasineb at leiafrifoedd ethnig yr un mor fileinig ag y bu erioed yn yr Almaen Natsïaidd. Â ati wedyn i ymofyn tybed a sianela'r Saeson y casineb hwn ynghylch lleiafrifoedd mewnfudol at leiafrifoedd cynhenid. Hynny yw, tybed a fyddai cymhellion gwrth-leiafrifol y Saeson yn esgor ar ragfarnau yn erbyn y Cymry? Motiff tra diddorol yng ngwaith J. R. Jones yw hwn, sef tuedd i gyplysu tynged lleiafrifoedd ethnig yng ngwledydd Prydain â lleiafrif cenedligol fel y Cymry.[4] Ac mae i hyn ei genadwri yn y dwthwn hwn, oherwydd wrth i J. R. Jones weld cyswllt yn y 1960au rhwng agweddau senoffobaidd at fewnfudwyr ac agweddau dilornus ynghylch y Gymraeg, mae'n rhag-weld rhai o'r tueddiadau sydd wedi canlyn twf cenedlaetholdeb Prydeinig neo-ffasgaidd yng Nghymru'r 2010au.

Ac yn wir ceir mewn adran o *Yr Argyfwng Gwacter Ystyr* a baratowyd yn 1963 gyfeiriad at fath newydd o '*wrth-chwyldro ffasgaidd*' a gwyd ar adeg o argyfwng a chyni ariannol 'dan enwau a theitlau newydd ... y bydd digon o *gamouflage* sosialaidd, gwerin-ddyrchafol, a hyd yn oed "Gristnogol" yn cuddio ei fileindra'. Dyma'n sicr eiriau o'i eiddo sy'n 'siarad' â ni heddiw, yn y Gymru druenus ei gwrth-chwyldro cyfoes, ac sy'n gosod ymdriniaeth J. R. Jones â hil ac iaith reit ynghanol brwydr yn erbyn ffasgaeth anaele Cymru heddiw:

> Ac y mae yma inni rybudd ofnadwy. Canys pan ddyfnha clwyf marwol y Gyfundrefn Elw hyd bwynt na ellir mo'i doctora hi mwyach, gan fod hwn yn fyd lle mae'r chwyldro comiwnyddol yn aeddfed barod i dorri allan o'r anhrefn, fe eill yn hawdd ein bod yn wynebu cyfnod newydd o *wrth-chwyldro ffasgaidd*, – ie hyd yn oed ym Mhrydain. Dan enwau a theitlau newydd, wrth gwrs. Nid ffasgaeth Jordan ac Oswald Mosley, canys adwaenom nodau honno ac ni'n twyllir ganddi, ond rhyw fudiad newydd y bydd digon o *gamouflage* sosialaidd, gwerin-ddyrchafol, a hyd yn oed 'Gristnogol' yn cuddio ei fileindra nes dallu y gwerinoedd unwaith eto. Rhag y dynged arswydus hon, y mae arwyddion ein hamserau yn ein rhybuddio'n daer rhag caniatáu ein rhag-gyflyru i'r lladdfa, ein dirymu a'n meddalu i fyny fel pobl, sugno pob anghydffurfiaeth a phrotest allan o'n gwythiennau.
>
> Hwyrach y credwch fy mod yn ynfydu. Ond y gwir yw mai gwerin barod i'w hildio ei hun i ddeniadau catrodaeth a rhamantiaeth yr anferthwch ffasgaidd yw gwerin y sychwyd gwythïen ei sicrwydd am ystyr bywyd, ar y naill law, ac y torrwyd ei hasgwrn cefn radicalaidd, ar y llaw arall.[5]

Ond o ble daw'r ffasgaeth hon? Ai o genedlaetholdeb Cymraeg? Oni allai pwyslais J. R. Jones ar iaith ei arwain at 'ramantiaeth yr anferthwch ffasgaidd'? Dim o'r fath beth, a hynny oherwydd dirnadaeth waelodol o'r hollt rhwng hil ac iaith, fel na all iaith fynd yn sylfaen credoau hiliol ffasgaidd.

Yn wir, fel arall yn hollol y mae, oherwydd bydolwg Prydeinig ar Gymru sy'n cynnig fod hil Gymreig mewn bod, a bod cyswllt rhyngddi a'r iaith Gymraeg. Ffenomen Seisnig yw'r cysyniad o hil yng Nghymru. Nid yw'n ffrwyth cenedlaetholdeb Cymreig fel y camdybir weithiau; yn wir, mae mewn gwrthwynebiad iddo. Synia Prydeindod am y Cymry fel grŵp hil am eu bod, o safbwynt yr ideoleg honno, yn grŵp marw. I'r trefedigaethwr Angloffon, o ddyddiau Matthew Arnold ymlaen, mae'r ysbrydol yn ymgorfforedig mewn hil; nid yw ynghlwm, fel mewn Rhamantiaeth Almaenig, wrth iaith. Am nad yw'n esblygol fyw, mae'r ysbryd hilyddol yn ddigyfnewid, ac felly'n hanfodaidd. Synnir am y Cymry fel grŵp monoethnig, disymud ond mae Prydeindod mewn cymhariaeth yn esblygol, yn ddeinamig ac felly'n amlethnig, a Chymreigrwydd yn rhan yn unig ohono, ac yn ddarostyngedig iddo.

Milain yw beirniadaeth J. R. Jones ar syniadaeth o'r fath, fel y daw i'r amlwg yng nghyswllt ei wrthwynebiad i Arwisgo 1969, a goruchafiaeth Lloegr ar Wynedd. I Brydeinwyr, yr unig ffordd i Gymru yn sgil concwest ddod yn rhan gydradd o Brydain yw trwy fod Cymru yn cael ei chorffori ynddi. Mae'r hunaniaeth gyfansawdd Brydeinig yn ddibynnol ar ymgymathiad diwylliannol, ond mae i hynny anhawster amlwg. Mae cymathiad Cymru yn Lloegr yn dwyn olion rhy amlwg o'r Goncwest gan mai proses mor unochrog ydyw. Chwilia Prydeinwyr felly am ffyrdd i gelu ei wir natur. Cyflawnir hyn wrth ddadlau i uniad bywydegol ddigwydd, sef i waed y tywysogion Cymreig lifo i wythiennau brenhinoedd Lloegr, a bod gan y Saeson hyn, oherwydd eu gwaedoliaeth, sofraniaeth dros y Cymry, am mai Cymry trwy waed ydynt.

Mae Prydeindod yn y cyswllt Cymreig yn dra dibynnol ar hil; mae Prydain yn genedl am fod y Cymry a'r Saeson o'r un hil. Yn wir, y cymysgu ar waed sy'n peri nad edrycha'r trefedigaethwr Seisnig ar Gymru fel trefedigaeth, ond fel rhan annatod o'r corff Prydeinig ei hun. Ac er bod cymysgu achau yn ymrithio fel dadl wrth-hiliol mewn ideoleg Brydeinig, mae'n wreiddiedig mewn bywydeg hyd yn oed yn ei wadiad arno.

Mewn gwrthgyferbyniad â'r obsesiwn Prydeinig ynghylch gwaed, gesyd J. R. Jones y ddadl ddiwylliannol gerbron. Mae sofraniaeth y Cymry yn parhau er gwaethaf Concwest 1282 am eu bod yn eu ffurfiant ieithyddol yn Bobl wahanol. Mae'r Cymry yn bod nid trwy waed ond trwy ddiwylliant. Nod cenedlaetholdeb Cymreig yw amddiffyn y diwylliant hwn. Mae cenedlaetholdeb Cymreig yn fwy felly na gwrthglawdd yn erbyn hiliaeth – mae amherthnasedd hiliaeth fel ideoleg yn greiddiol iddo:

> peth dibwys – *cywilyddus o ddi-bwys* yn wyneb argyfwng einioes ein cenedl – ydyw bod gwaed Llewelyn Fawr wedi rhedeg i lawr yr oesoedd i wythiennau Siarl Windsor. Nid *na* throsglwyddwyd mo'r gwaed. Nid dyna fy nadl, canys beth a wn i am y pethau hyn? Dweud yr wyf os bu disgynyddiaeth ddi-dor, fod y gwaed wedi llifo i lawr yr oesoedd *yn wag o sylwedd ac ystyr* – yn ffaith fywydegol foel a ysgarwyd am byth oddi wrth y sofraniaeth y bu'n llestr a gwarchodydd iddi gynt. Canys 'parth â Lloegr' yr aeth y gwaed. Ond *ynom* yr arhosodd y sofraniaeth, fel plentyn yn y cudd yn aros i ddod i gynddaredd y geni.[6]

Mae'r neilltuoldeb diwylliannol y mae J. R. Jones yn eirioli drosto ynghlwm wrth hil mewn un ffordd, fodd bynnag, ac anonest fyddai diystyru hynny, sef fod gwahanrwydd diwylliannol yn dra dibynnol ar heterogenedd bywydegol. Anian hybrid Cymru sy'n rhwystro'r cyswllt rhwng gwahanrwydd a bywydeg rhag mynd yn unffurfiaeth neo-ffasgaidd, gan fod heterogenedd yn bod oddi mewn i Gymru a'r Gymru Gymraeg, yn hytrach nag yn wahanfur rhwng Cymru a Lloegr, a rhwng y Gymru Gymraeg a'r Gymru ddi-Gymraeg. Pobl yw'r Cymry a nodweddir gan 'wahaniaethau mewnol', rhwng y Cymraeg a'r Angloffon, ac ymhellach, gan fod llawer o siaradwyr Cymraeg a Saesneg Cymru o gefndir ethnig anghymreig, oddi mewn i'r ddau grŵp iaith hefyd. Felly nid arweiniai cenedlaetholdeb diwylliannol Cymreig at hiliaeth. Yn wir, cydnabyddiaeth o amrywiaeth hil oddi mewn i'r genedl yw sail hanesyddol cenedlaetholdeb diwylliannol Cymreig. Dim ond diwylliant all uno'r genedl. Yn yr un modd (a dyma baradocs cenedlaetholdeb sifig), pe bai Cymru'n annibynnol, byddai'r angen am bwyslais diwylliannol yn llai. Yn wir, gellid meddwl am genedlaetholdeb sifig fel trosiad ar gyfer gwahanrwydd hiliol, o synio amdano fel hyn, trwy fod y sifig yn goresgyn diwylliant, ac yn gwahaniaethu rhwng y dinesydd a'r sawl nad ydynt yn ddinasyddion (ac onid hyn fu sail gwleidyddiaeth Nigel Farage a Donald Trump, sef gwarchod dinasyddion yn erbyn bygythiad estron honedig o du rhai heb ddinasyddiaeth, sef ffoaduriaid, 'mewnfudwyr anghyfreithlon' ac yn y blaen?).

Croyw yw safbwynt J. R. Jones am hil, felly. Nid mewn gwaedoliaeth y gorwedd sofraniaeth y Cymry, ond mewn '*gwahanrwydd*', a hwnnw'n wahanrwydd a gyfryngir trwy iaith, neu'r ymwybod ag iaith. Nid oes gwahanrwydd mewn hil am nad oes y fath beth â phurdeb hil, a phe honnid bod y fath wahaniaethau mewn bod, ni fyddai hyn yn llesol i genedl y Cymry am fod y Cymry yn bobl amlhiliol erioed.

Mae 'mamiaith Pobl – iaith tarddiad a gwneuthuriad eu gwahanrwydd – yn dufewnol glwm wrth garn a llygad-ffynnon eu sofraniaeth', chwedl J. R. Jones yn *Gwaedd yng Nghymru*.[7] Ac felly mae'n amheus a all fod parhad i'r genedl Gymreig, yn ei gwedd ffurfiannol o leiaf, wedi darfod y Gymraeg. Ni cheid, yn absenoldeb iaith, ond achyddiaeth (hil). Ond nid hanes cenedl, neu hyd yn oed Bobl, yw achyddiaeth. Hanes tylwyth ydyw, ffurf ar hanes lleol, heb iddi ffurfiant cenedl. Yr hyn sy'n ffurfio Pobl (y craidd sy'n sylfaen cenedl) yw'r hyn sy'n ychwanegol at achyddiaeth, ac yn bod hebddi:

> Record disgyniad y naill genhedlaeth o'r llall yw hanes lleol. Achyddiaeth ydyw ac y mae yn darfod mewn achyddiaeth. Ac nid yw achres yn ateb ond i gwestiwn sy'n briwsioni yn filoedd o gwestiynnau: O lwynau pwy y daethom ni? Pa deulu ydym? I ateb y cwestiwn: Pa *bobl* ydym? y mae'r syniad o achres neu o unrhyw gyfuniad o achresi yn sylfaenol annigonol. Canys nid digon hanes nad yw ond stori ail-adroddus undonedd a chyffredinedd 'cadw tŷ'. Rhaid i'r dystiolaeth i bwy ydym *fel pobl*, y dystiolaeth

i'n gwahanrwydd cenedligol, ddod o orffennol anghyffelyb,
anailadroddadwy. A dyna beth yw'r gorffennol oesol, yr hanes
cenedlaethol – y trac 'unwaith-ac-am-byth'.[8]

Ontoleg cenedl sy'n llywio cwrs hanes, nid hil. Ac mae'n werth
aros gyda hyn am ysbaid gan fod y dybiaeth yn ganolog i waith
J. R. Jones. Honnir, yn aml, ac yn bur gyfeiliornus fel y nodwyd
eisoes, fod yr hyn a elwir yn genedlaetholdeb sifig yn fwy moesegol
na hunaniaeth ieithyddol. Diffinnir y sifig, yn honedig o leiaf, i
gwmpasu pawb sy'n trigo oddi mewn i diriogaeth. Tybir y gall
dinasyddiaeth fod yn nodwedd gyffredinol ar bawb sy'n perthyn
i genedl. Ond nid yw hyn yn wir, fel y profai refferendwm 2016
ar adael yr Undeb Ewropeaidd pan nacawyd i ddinasyddion yr
Undeb Ewropeaidd a drigai yng Nghymru, ac nad oeddynt yn
ddinasyddion Prydeinig, eu hawl i bleidleisio. Ymhellach, mewn
bywyd beunyddiol, mae ymwybod â gwahaniaethau ethnig ac
ieithyddol yn parhau, megis rhwng Cymry a Saeson. Ond gan
na fedr y sifig gydnabod gwahanrwydd diwylliannol, na chymell
cymathiad diwylliannol a dry pawb 'yn Gymry', ceir pwyslais
adweithiol a hanfodaidd a chloëdig ar hunaniaeth, a daw cyneddfau
nad oes modd eu newid, megis man geni a thras, i'r wyneb dro
ar ôl tro. Gyda'r cefnu ar genedlaetholdeb diwylliannol Cymreig
ers sefydlu'r Cynulliad yn 1999, daethpwyd i ddisodli'r hyn a
adnabyddid (yn gyfeiliornus yn aml) fel yr 'ethnig' gan y sifig,
ac felly, yn anffortunus, disodlwyd diwylliant gan hil. Hynny
yw, yn lle'r pwyslais Cymraeg ar iaith (y gellir ei dysgu), daeth
undod cymdeithasol trwy i Gymry synio amdanynt eu hunain fel
'Britishers' ar sail man genedigaeth. Y newid hwn fu'n gyfrifol,
yn rhannol, am y methiant i wrthsefyll Ukip yn llwyddiannus, ac
am y bleidlais drom mewn cymunedau dosbarth gweithiol yng
Nghymru o blaid gadael yr Undeb Ewropeaidd.

Dealla J. R. Jones ethnigrwydd fel gwahanrwydd, ond fel y
nodwyd eisoes, nid gwahanrwydd hiliol mohono. Gwahanrwydd

ysbrydol ydyw, sydd mewn perthynas ag iaith ac eto nid oes rhaid siarad yr iaith er mwyn bod yn rhan o'r bychanfyd Cymraeg hwn. Gallai'r di-Gymraeg, tra bônt yn ddi-Gymraeg, feddu ar ymwybod â'r gwahanrwydd ac felly maent yn Gymry. Nid y diffiniad arferedig, hanesyddol mai Cymro yw un sy'n arfer y Gymraeg sydd gan J. R. Jones. Iddo ef, Cymro yw un â hunaniaeth y mae'r Gymraeg, rywsut, yn garn iddi.

Cyfoethogir athroniaeth J. R. Jones gan ei ddirnadaeth o fateroldeb. Man cychwyn ei ysgrif, 'Y Syniad o Genedl', yn *Efrydiau Athronyddol* yn 1961, yw gwerthfawrogiad o ymdriniaeth Stalin â chenedligrwydd a ffurfiant cenhedloedd, ac nid yw ei dafod yn ei foch.[9] Mae a wnelo'r fateroliaeth hon gryn dipyn â'i ddealltwriaeth o broblem y lleiafrifoedd. Mewn erthygl gynnar o 1943, 'Cristnogaeth a Democratiaeth', sy'n ddadlennol am ei bod yn gynnar, dadleua'n groes i ddemocratiaeth ryddfrydol, neu o leiaf dengys y tensiynau o'i mewn. Yn nhyb J. R. Jones, pair hyn anghyfartaledd grym rhwng dinasyddion (dyn cyfoethog a dyn tlawd, er enghraifft) gan yr 'ysgarir democratiaeth oddi wrth wir sylwedd bywyd beunyddiol, sef, cymhlethdod cysylltiadau personau preifat â'i gilydd, a'i gwneuthur felly i raddau mawr yn ddemocratiaeth mewn enw yn unig'.[10] Mae ei ymdriniaeth ddiweddarach ag anghyfartaledd rhwng grwpiau ethnig yn dilyn canllawiau'r ddadl hon wrth i'w ddehongliad o orthrwm dosbarth gael ei gymhwyso at y gorthrwm ar grwpiau ethnig darostyngedig. Felly, ac mewn modd tra anhiliol, dealla J. R. Jones y berthynas rhwng grwpiau ethnig fel perthynas rym. Ceir annhegwch oddi mewn i'r gofod sifig, sef oddi mewn i'r ddemocratiaeth sifig fwyafrifol sy'n gosod llyffetheiriau ar leiafrifoedd ethnig, yn union fel caiff y dosbarth gwaith ei ddal mewn gefynnau.

Gwelir felly fod gwreiddiau Marcsaidd i genedlaetholdeb J. R. Jones. Diau fod ei gefnogaeth i ddulliau gweithredu anghyfreithlon Cymdeithas yr Iaith Gymraeg yn y chwedegau yn deillio'n rhannol o'i ddealltwriaeth o annigonolrwydd democratiaeth gynrychioladol mewn perthynas â lleiafrifoedd, a rhaid cofio hefyd am le canolog y syniad o chwyldro, un gwaedlyd hefyd pe bai angen, ym mydolwg y Sofiet.

Athronydd gwrth-ryddfrydol yw J. R. Jones, a'i wrthwynebiad i ryddfrydiaeth yw ei rinwedd pennaf. Ceir sylwadau pwrpasol ganddo ar hawliau, y gangen honno o wleidyddiaeth iaith sydd wedi derbyn mwyaf o sylw gan athronwyr Cymraeg yn ystod y ddegawd ddiwethaf. Mae'n lladd ar wleidyddiaeth 'hawliau', sy'n obsesiwn gan genedlaetholwyr sifig sy'n tybio nad oes raid ond sefydlu'r gallu mewn potensial i arfer y Gymraeg a chael ei harfer fydd ei hanes. Yn wir, mae'n feirniadol o anallu athroniaeth ryddfrydol i ymdrin ag ethnigrwydd o gwbl:

> Ni thalwyd yn fy marn i, ddigon o sylw i straen a gyfyd o natur pob cais cyfansoddiadol i atal dadfeiliad cenedligrwydd, sef ei bod yn eithriadol anodd dadlau achos yr hyn y mae'i fodolaeth mewn perygl am mai gwahanrwydd ydyw sy'n ei gyfiawnhau ei hun drwy ei *fodolaeth* ac nid drwy apêl at unrhyw restr eglur o 'iawnderau' neu 'hawliau'.[11]

Ontoleg nid hawliau dinesig sydd wrth wraidd '*bodolaeth*' Pobl, a rhybuddia rhag tynnu'r lleiafrif 'i mewn i oruwchdir y Wladwriaeth y darostyngwyd hwy dani' a 'blotio allan wahanrwydd ethnig'.[12] Try at enghraifft gydwladol i gael symbol a fedr gyfleu hyn. Felly, wrth dalu sylw i'r ddadl a geid yn y gymuned Affro-Americanaidd yn y chwedegau rhwng dwy ddelfryd wrthgyferbyniol, sef rhwng breuddwyd ryddfrydol Martin Luther King o'r unigolyn croenddu yn trosgynnu rhagfarn hiliol er mwyn cyflawni ei botensial oddi mewn i gymdeithas agored, ryddfrydol Americanaidd, ac awydd Malcolm X am droedle i bobl dduon fel grŵp, ochra J. R. Jones â Malcolm X. Ond cymdeithas yw'r gymdeithas Gymraeg sydd yn ei thueddiadau rhyddfrydol, heddychlon yn gweld gwleidyddiaeth Martin Luther King yn batrwm iddi: canys caiff y Cymro hefyd ddod ymlaen yn y byd. Fodd bynnag, mae J. R. Jones yn dadlau yn erbyn rhyddfrydiaeth o'r fath o safbwynt cymunedolaidd ac yn dal fod yn rhaid i'r 'Negro Americanaidd' sylwi 'na sicrheir iddo fyth sylfaen ddiogel i'w freiniau onis tynnir allan o lifeiriant y troetryddid Americanaidd a rhoi iddo *ei dir ei hun o dan ei draed* – troedle mewn Talaith Ddu yn rhywle ar dir ei wlad'.[13] Ni ellir dehongli hynny ond fel galwad am 'fro Gymraeg'.

Oherwydd fod y Cymry yn y fath berthynas rym â'r Saeson, nid hiliaeth yw sôn am wrthsefyll mewnfudiad Seisnig gormodol i Gymru, er bod ei effeithiau yn cael ei wadu gan genedlaetholdeb sifig, a sonnir am

> goresgyniad Saeson y bythynnod haf a'r tai riteirio yma sy'n llifo'n drwch tew bellach i mewn i'n gwlad. Canys, unwaith eto, o fewn i'r ffiniau tiriogaethol, mi fydd y rhain hwythau yn dod yn fath o Gymru. Ac os felly, ba waeth am yr iaith y maen'hw yn y cyfamser yn sugno ei throedle, *ei hunig droedle mewn bodolaeth*, oddi arni? Ai am fod y farchnad mewn bythynnod mor broffidiol y clywir cyn lleied o sôn am y rhaib ysgubol hwn ar ein tir? Cafwyd bloedd o wfftio'r ymyrraeth yn Tsieco-slofacia, ond nid â thanciau yn unig y mae goresgyn gwlad.[14]

Cysyniad yw'r sifig sy'n cyfiawnhau, ac yn wir yn corffori, gorthrwm ar leiafrif am ei fod yn rhewi'r anghydraddoldeb a'r anghydbwysedd sy'n bodoli rhwng grwpiau ethnig. Nid oes gwrthwynebiad, meddai yn *Yr Ewyllys i Barhau*, gan Blaid Cymru i fewnlifiad a'i effaith ar y Gymraeg am y bydd yr 'estroniaid hyn yn dod yn Gymry unwaith y dont i fyw o fewn i ffiniau "Wales", waeth pa iaith a siaradant. Nid dod i mewn i'r bychanfyd iaith, ond dod yn rhan o'r torllwyth cymysyg sydd o fewn i'r ffiniau, a ystyriwch yn unig amod "dod yn Gymro" bellach!'[15] Unwaith y gweir i ffwrdd ag ethnigrwydd y Cymry yn ei weddau di-hil, sef iaith, ni fydd gwahaniaeth ystyrlon rhwng 'Wales' a Phrydain, ac ni fydd cymhelliad digonol i fynnu annibyniaeth.

Gall Cymru Saesneg barhau'n endid diwylliannol, hyd yn oed pe
pery gwladwriaeth Brydeinig, ond i'r Gymru Gymraeg, nid oes
gobaith i honno oni cheir gwladwriaeth o'i hanfod ei hun.

Yn wir, mae J. R. Jones yn bwrw ei gas mor drwm ar
genedligrwydd sifig fel y dadleua ar dro yn erbyn arddel y Gymraeg
ar lefel weithrediadol; hynny yw, hybu'r defnydd ohoni yn y
byd. Mae'n maentumio 'na fedrwch chi ddim dod o hyd i'r un
dasg ar y gwastad gweithrediadol i'r iaith gyflawni yng Nghymru
nad ydyw'r Saesneg eisoes yn ei chyflawni a, thrwy fod (yn aml)
yn gyntaf ar y maes, yn ei chyflawni hi'n well.'[16] Mae gwthio
gormod ar y Gymraeg pan fo'n ddi-iws yn cael yr effaith anorfod
o danlinellu megis o'r newydd mai iaith ddi-iws ydyw. 'Y mae'r
gollfarn, mewn un ffordd, yn un dêg', meddai.[17] Mewn cynllunio
iaith rhyddfrydol yng Nghymru, sydd yr un mor naïf ag ydyw'n
aneffeithiol, ceir clochdar parhaus am ddwyieithrwydd heb
sylweddoli'r caswir, sef fod dyrchafu dwyieithrwydd yn ideoleg
pan geir dwy iaith mor anghyfartal o ran grym yn rhwym o
gyfnerthu'r iaith gref. Felly y mae'r dreif tuag at ddwyieithrwydd
yn siŵr o brysuro diflaniad yr iaith wannach. Yn wir, gwêl J. R.
Jones ddwyieithrwydd ar echel amser, gan ddadlau nad 'cenedl
ddwy-ieithog' mo'r Cymry, ond 'mai *pobl* ydym, yn graddol
ddiflannu gyda'n iaith'.[18]

Mae'r frwydr o blaid ethnigrwydd i'w deall felly fel y frwydr
faterol ac ysbrydol o blaid cyfiawnder, ac mae'n faterol (ac
ysbrydol) hyd yn oed pan y'i mynegir mewn trosiadau ysgrythurol
megis y ddelwedd feseianaidd yn *A Raid i'r Iaith ein Gwahanu?* o'r
Proffwyd Jeremeia yn '*prynu yn ôl* ... priod dir ei Bobl' o ddwylo'r
goresgynnwr, sy'n gymhelliad ar y Cymry i wneud yn debyg.[19]

Diben athroniaeth J. R. Jones yw dangos i'r Cymry gael eu
dad-diriogaethu, sef eu dadfeddiannu o'r wedd faterol ac ysbrydol
ar eu bydysawd. Mae dad-diriogaethedd yn ddisgwyliedig pan fo
brodor yn gadael ei wlad ac yn mynd yn alltud. Y cam â'r Cymry
yw i'r anfri hwn gael ei orfodi arnynt yn eu gwlad eu hunain.

Pair grym rhethregol condemniad J. R. Jones mai hwn yw un o'i ddatganiadau mwyaf adnabyddus:

> Ond mi wn i am brofiad arall sydd yr un mor ingol, ac yn fwy anesgor (oblegid mi fedrech ddychwelyd i'ch cynefin), a hwnnw yw'r profiad o wybod, nid eich bod chwi yn gadael eich gwlad, ond fod eich gwlad yn eich gadael chwi, yn darfod allan o fod o dan eich traed chwi, yn cael ei sugno i ffwrdd oddiwrthych, megis gan lyncwynt gwancus, i ddwylo ac i feddiant gwlad a gwareiddiad arall.[20]

I J. R. Jones, math o fewnfudwr yw'r Cymro serch ei fod yn trigo yn ei wlad ei hun. Mae ei ymddieithriad oddi wrth y drefn Brydeinig sydd ohoni mor llwyr â hynny.

Nodiadau

[1] J. R. Jones, *Prydeindod* (Llandybie: Llyfrau'r Dryw, 1966), t. 11.

[2] Idem, *Yr Ewyllys i Barhau: Anerchiad a Draddodwyd i Gymdeithas yr Iaith yn Eisteddfod y Barri, 1968* (s.l., s.n., 1968), t. 4.

[3] Idem, *Cristnogaeth a Chenedlaetholdeb* (s.l, s.n., d.d.), t. 5.

[4] Idem, *Yr Ewyllys i Barhau*, t. 17.

[5] Idem, *Yr Argyfwng Gwacter Ystyr* (Llandybie: Llyfrau'r Dryw, 1964), tt. 9–10.

[6] Idem, 'Yr Arwisgo: Mutholeg y Gwaed', *Gwaedd yng Nghymru* (Lerpwl a Phontypridd: Cyhoeddiadau Modern Cymreig, 1970), t. 48.

[7] Ibid., t. 47.

[8] Idem, 'Y Syniad o Genedl', *Efrydiau Athronyddol*, XXIV (1961), 8–9.

[9] Ibid., 3–6.

[10] Idem, 'Cristnogaeth a Democratiaeth', *Y Traethodydd*, XCVII (1943), 56.

[11] Idem, *Prydeindod*, t. 47.

[12] Idem, *A Raid i'r Iaith ein Gwahanu?* (s.l.: Undeb Cymru Fydd, 1967), t. 13.

[13] Idem, 'Troedle', *Gwaedd yng Nghymru*, t. 67.

[14] Idem, *Yr Ewyllys i Barhau*, t. 11.

[15] Ibid.

[16] Idem, *A Raid i'r Iaith ein Gwahanu?*, t. 15.

[17] Ibid.

[18] Idem, 'Y Syniad o Genedl', 6.

[19] Idem, *A Raid i'r Iaith ein Gwahanu?*, t. 25.

[20] Idem, '"Protestio Protestio"', *Gwaedd yng Nghymru*, tt. 81–2.

Corlannu'r 'Ein' ac amodau hanesyddol ymofyniad J. R. Jones

Richard Glyn Roberts

Finalement, ma conviction, c'est que la sociologie est une manière de prolonger la philosophie par d'autres moyens. Si je voulais donner une généalogie glorieuse à la sociologie, je dirais qu'au fond le premier sociologue est Socrate.[1]

Nodyn hunangofiannol: Un o Bwllheli oedd J. R. Jones, fel fy nheulu innau o ochr fy nhad. Pan oeddwn yn rhyw un ar bymtheg oed, rhoes gwraig o'r cyffiniau – rhown iddi'r enw Diotima – imi fenthyg Ac Onide *a dyna fy nghyflwyniad cyntaf i athroniaeth. Cafodd Diotima fyw yn ddigon hir i weld magu ei hwyres yn Saesnes yn un o gadarnleoedd olaf y Gymraeg. Hanesyn di-nod sy'n ddrych o'n cyflwr …*

★★★

YN EI RAGAIR i'w gyfrol fer *L'antiphilosophie de Wittgenstein* mae Alain Badiou yn ymhelaethu ar yr hyn sydd ganddo mewn golwg wrth ddefnyddio'r termau *gwrthathroniaeth* a *gwrthathronydd*.[2] Ymlaen dim deil Badiou fod y gwrthathronydd yn ein hatgoffa fod amodau athroniaeth, neu'r gwirioneddau y mae'r athronydd yn tystio iddynt, bob amser yn gyfoes; mai yng nghythrwfl ei gyfnod y bydd athronydd yn saernïo cysyniadau newydd ac na fedr ymfodloni ar yr hyn sy'n bod eisoes, na chyfrannu at gynnal y drefn sydd ohoni, heb i'w ddisgyblaeth fynd yn ysglyfaeth i'r gwybodau academaidd. Ac mae hynny'n gyfystyr ag ymgaregiad.

Ar hyd yr un llinellau, wrth drafod cyfraniad J. R. Jones, 'Yr ydym dan orfod', meddai R. Tudur Jones yn y rhifyn coffa o'r *Efrydiau Athronyddol*, 'i'n hatgoffa ein hunain o'i bwyslais ar yr ochr weithredol a dirfodol i athronyddu'.[3] Â Tudur rhagddo i ddyfynnu o'r paragraffau grymus yn *Prydeindod* ar barasitiaeth ddiwylliannol, paragraffau sy'n rhagfynegiant o safbwynt J. R. Jones yn yr ysgrif ddeifiol 'Brad y Deallusion' adeg yr Arwisgo, lle mae'r athronydd yn sefyll y tu allan i'r gwersyll ac yn traethu'r gwir yn groes i fudd ei ddosbarth.

O ran ei gynnwys a chyfeiriad ei ymresymu, gellid ysgrifennu llyfr tebyg iawn i *Prydeindod* heddiw; llyfr a geisiai ddatod gafael ideoleg lywodraethol y cyfnod ar ganfyddiad y Cymry (hynny yw *y grŵp ieithyddol Cymraeg*) o nodau amgen eu ffurfiant fel grŵp cymdeithasol. Ond byddai'n rhaid newid teitl y llyfr. Ei deitl heddiw fyddai *Cymreictod*. Oherwydd, o safbwynt y trais symbolaidd ar y Cymry yn y presennol, *Cymreictod* yw'r *Prydeindod* newydd. Ond wrth drafod ideoleg Cymreictod yn ei pherthynas â'r grŵp iaith rwy'n ymwybodol fy mod eisoes i raddau'n trafod ffenomen hanesyddol, rhywbeth sy'n prysur berthyn i'r gorffennol diweddar. Gyda'r sylweddoliad graddol, dryslyd ac anghyflawn na ellir Cymru Gymraeg namyn *in fictionem iuris*, gwelir bellach gyfnewidiad gwirioneddol gyfoes lle try cynrychiolwyr y wladwriaeth ac ymgyrchwyr iaith fel ei gilydd eu golygon at gyrion gwannaf y Fro Gymraeg hanesyddol, nes daw'r sylweddoliad fod y cyrion hyn yn eu tro eisoes yn anadferadwy. Ac yn y modd hwn gwreiddir y drafodaeth yn barhaus mewn daearyddiaeth ddychmygol sy'n perthyn i'r gorffennol.[4]

Mae'r ymwybyddiaeth yma ein bod yn trafod plethora o

ideolegau gormesol eisoes i'w gweld yn ysgrifeniadau J. R. Jones. Ond gwelir hefyd, yn y man, fod posibiliadau gormesol yn ymhlyg yn safbwyntiau J. R. Jones ei hun ac y gellid ailgyflunio ei ddehongliad i gefnogi ac atgyfnerthu gafael ideolegau cyfoes ar y Cymry.

Yn y lle cyntaf, felly, ymgais sydd yn y papur hwn i ddidol yr agweddau hynny ar ddehongliad J. R. Jones a'r categorïau dirnadaeth o'i eiddo sy'n perthyn i amgylchiadau hanesyddol eu cyfansoddi oddi wrth yr arfau cysyniadol a erys yn ddefnyddiol ac y mae iddynt berthnasedd cyfoes inni heddiw. Oherwydd pe na bai i J. R. Jones berthnasedd cyfoes prin y byddai yna ddiben ymgynnull i'w drafod. Eto, awgryma'r trafod sydd arno dan nawdd sefydliadau nad ydynt yn neilltuol adnabyddus am godi yn erbyn y drefn, fod J. R. Jones eisoes yn y broses o gael ei dreulio a'i amsugno yng ngholuddion y gwybodau academaidd ac y'i cyflwynir yn y man fel pennod ddiddorol yn hanes athroniaeth yn y Dywysogaeth. Yr ydys eisoes yn paratoi lle iddo yn yr archif. Ailgyhoeddwyd yn ddiweddar ei ysgrifeniadau ar ffurf electronig fel yr ailgyhoeddir dogfennau eraill chwyldroadol yn eu dydd – boed Lythyr Pennal neu bamffledi Jac Glan-y-gors – i ysgolheictod trefedigaethedig, didramgwydd eu meddiannu a'u dehongli fel na byddo iddynt effaith yn y presennol.

Tro chwithig fyddai cyflwyno J. R. Jones i genhedlaeth newydd o ddarllenwyr fel un o dadau syniadol y Gymru ddatganoledig, oleuedig neu sylwebydd craff ar orthrwm a berthyn i'r gorffennol o safbwynt cydraddoldeb Panglossaidd, dwyieithog y presennol. Felly mae ail amcan i'r papur hwn: adfer J. R. Jones i'w briod safle yn aflonyddwr argyhoeddiadau cysurus deallusion cynhenid.

Canolbwyntir isod ar dair agwedd ar ei feddwl, sydd rhyngddynt yn ffurfio datblygiad syniadol (rhagdybiaeth, ymresymiad yn seiliedig arni ac amlinelliad o adolygiad o'r rhagdybiaeth gychwynnol) y gellir ei ddilyn trwy dri o'i gyhoeddiadau:

- Yn gyntaf, *Prydeindod* a'r rhagdybiaeth gyson yng ngweithiau J. R. Jones mai yn nhermau argyfwng hunaniaeth y mae deall crebachiad y grŵp ieithyddol Cymraeg.

- Yn ail, *A Raid i'r Iaith ein Gwahanu?*, lle ceir ymhelaethiad rhesymegol ar sail y rhagdybiaeth a sefydlir yn *Prydeindod* ac ymgais i gysoni'r hyn y gellir ei alw'n *baradocs cydymdreiddiad*. Yn y fan yma y bydd yn rhaid corlannu'r 'Ein' yn y teitl.

- Yn drydydd, *Gwaedd yng Nghymru*, ac yn neilltuol yr ysgrif 'Pa beth yr aethoch allan i'w achub?', ymdriniaeth dreiddgar â phosibiliadau gormesol, gwyrdroëdig cenedlaetholdeb Cymreig sy'n awgrymu cymhathiad posibl Cymreictod a Phrydeindod yn ideolegau cydgyfeiriol.

★★★

Thesis canolog *Prydeindod* yw y ffurfir pobl drwy 'gydymdreiddiad deuglwm' eu tir a'u hiaith a bod yn rhaid wrth drydedd elfen – gwladwriaeth sofran – i ffurfio cenedl. Yn unol â'r dehongliad ffurfiannol hwn rhagdybir bod terfynau Cymru yn diffinio terfynau ystyrlon yr ymdriniaeth. Hynny yw, mae'r ymdriniaeth o'i chwr – ac yn groes, efallai, i'r canfyddiad cyffredin ohoni – yn wreiddiedig mewn cenedlaetholdeb sifig. Nid yw'r ymlyniad hwn wrth yr endid daearyddol-hanesyddol yn annisgwyl mewn llyfr sy'n perthyn i chwedegau'r ganrif ddiwethaf pan oedd cyfanheddiad y Cymry yng Nghymru yn helaethach a phan oedd cydgyfeiriad amlycach rhwng amcanion ymddangosiadol y mudiad cenedlaethol a gwrthsafiad y Gymru Gymraeg. Mae'n ddealladwy yn y cyd-destun hanesyddol. Ac eto, chwarter poblogaeth Cymru a fedrai Gymraeg yn 1961. Roedd y de-ddwyrain eisoes yn amherthnasol, y Maes Glo Carreg ac arfordir y gogledd ym mynd i'r un cyfeiriad a phatrwm datgymaliad y Gymru Gymraeg eisoes yn eglur. Ni roir lle amlwg yn *Prydeindod* i'r cyfnewidiadau hyn nac i amodau sosioeconomaidd shifft iaith.

Ymhellach, yn gyson ag arfer cenedlaetholwyr, ymwrthyd J. R. Jones ag ystyr arferol yr enwau *Cymry* a *Saeson*, gan ailgyflunio eu semanteg i gyfateb i'r ethnonymau Saesneg *Welsh* ac *English* a chan arfer y dynodiad *Cymry di-Gymraeg* i wahaniaethu rhwng Saeson ar sail diriogaethol. Pair hyn fod cymhwyso'r ddamcaniaeth ynghylch cydymdreiddiad tir ac iaith yn fwy problematig ac astrus na phe byddid wedi dewis arfer iaith naturiol a chyfyngu'r ddaearyddiaeth i adlewyrchu terfynau cyfanheddiad gwirioneddol y grŵp ieithyddol Cymraeg. Ond yn hytrach na thrafod y gorthrwm ar y Cymry yn nhermau enciliad arfer ieithyddol wyrdroëdig, leiafrifedig yn wyneb hegemoni ieithyddol Angloffon, gosodir problem gymdeithasegol mewn termau metaffisegol.[5] Rhagdybir mai argyfwng hunaniaeth yw gwreiddyn y mater gan gamgymryd felly effaith am achos.

Bu llawer o drafod ar hunaniaeth yn ystod ail hanner yr ugeinfed ganrif. Gellir olrhain y diddordeb mawr yn y cysyniad i ddylanwad y gwyddorau cymdeithasol yn yr Unol Daleithiau ym mhumdegau a chwedegau'r ganrif, a gwaith Erik Erikson yn neilltuol.[6] Geill fod J. R. Jones wedi darllen Erikson pan oedd yn yr Unol Daleithiau neu efallai iddo amsugno ei ddylanwad drwy ysgrifeniadau'r diwinydd dirfodol Tillich neu drafodaethau â Gwilym O. Roberts. Bid a fo am hynny, ymdriniaeth ag argyfwng hunaniaeth yw *Prydeindod*, a chan fod *hunaniaeth* yn gysyniad pur annelwig (yn fwy felly nag *iaith*, *pŵer* neu *gyfalaf*) mae'n caniatáu peth hyblygrwydd metaffisegol i ymestyn y cydymdreiddiad i gynnwys Saeson Cymru ('y di-Gymraeg', yng ngeirfa J. R. Jones). Mae hynny'n angenrheidiol i gynnal fframwaith ddaearyddol anachronistaidd yr ymdriniaeth. Oherwydd, o ddilyn J. R. Jones a diffinio Cymreictod neu hunaniaeth Gymreig fel cynnyrch cydymdreiddiad, hynny yw siarad Cymraeg ar ddaear Cymru, mae'n anodd gweld sut y gallai'r boblogaeth fwyafrifol ddi-Gymraeg gyfrannu'n uniongyrchol o'r Cymreictod hwn. A chan hynny mae'n rhaid ymhelaethu ar y di-Gymraeg mewn perthynas â'r hunaniaeth:

> O'm safbwynt i, gan hynny, rhyw ateb deublyg sydd i'r 'cwestiwn dreiniog': ar y naill law, ni pheidiodd y Cymry di-Gymraeg â bod yn Gymry; eithr, ar y llaw arall, oblegid tynnu'r iaith allan o'i chydymdreiddiad â'r tir lle safant, Cymry ydynt nad erys iddynt ond graddau o weddillion yr hunaniaeth gyfan Gymreig. Deall mai mewn graddfeydd y gweddillir yr hunaniaeth sy'n bwysig. Canys beth sydd eglurach na bod rhai haenau o'r boblogaeth Gymreig ddi-Gymraeg yn llawer mwy ymwybodol o'u Cymreictod na haenau eraill?[7]

Nid yw Saeson Cymru yn dioddef gorthrwm ieithyddol ac mae hynny'n broblematig o ran undod cenedlaethol. Gan na allant rannu baich yr ormes ddiriaethol (yn yr ystyr fod iddi effeithiau real ym mywyd beunyddiol siaradwyr Cymraeg), rhaid iddynt gyfranogi o ormes fetaffisegol yr hunaniaeth glwyfedig.

Yn *Prydeindod* mae J. R. Jones yn adleoli problem dadfeiliad y Gymru Gymraeg, gan ei gosod yn nhermau hunaniaeth genedlaethol yn hytrach na'i thrafod yn ddiamwys fel gorthrwm sy'n codi o'r cysylltiadau grym rhwng grwpiau ieithyddol anghyfartal o ran eu cyfalaf economaidd a diwylliannol. Yn hyn o beth yn *Prydeindod* mae J. R. Jones yn cymryd y cam cyntaf tuag at wneud anghymwynas â'r grŵp ieithyddol drwy ystumio'r ddealltwriaeth o'r gorthrwm sydd arno a pharatoi'r ffordd ar gyfer gwyrdroad ideoleg ryddfreiniol ei bresennol yn ideoleg ormesol y dyfodol (sef ein presennol ni). Ond nid yw eto wedi cymryd yr ail gam o ecsbloetio'r grŵp iaith yn ymwybodol i ddiben cadarnhau ideoleg Cymreictod. Gwreiddyn paradocs cydymdreiddiad ydyw ymlyniad J. R. Jones wrth genedlaetholdeb. Ymgais i ddatrys y paradocs sydd yn y pamffledyn *A Raid i'r Iaith ein Gwahanu?*

★★★

Yn *A Raid i'r Iaith ein Gwahanu?* ceir ymgais i gysoni'r syniad o gydymdreiddiad â realiti deuddiwylliannedd Cymru ail hanner yr ugeinfed ganrif drwy wahaniaethu rhwng swyddogaeth weithrediadol, ymarferol iaith a'r hyn a eilw J.R. yn swyddogaeth ffurfiannol iaith (ei swyddogaeth symbolaidd). Nid yw rhoi blaenoriaeth i'r ffurfiannol yn y ddeuoliaeth gysyniadol hon yn arbennig o addawol o safbwynt gwrthweithio'r gorthrwm ar y grŵp ieithyddol Cymraeg. Yr amcan yn hytrach yw cadarnhau'r prosiect cenedlaethol drwy ymestyn y syniad o gydymdreiddiad i gynnwys poblogaeth Angloffon Cymru. Cyflwynir felly draflynciad metaffisegol dyheadol ond erys yr anghyfartalwch ymarferol rhwng y grwpiau ieithyddol yn ddigrybwyll a gall y traflyncu real ar y grŵp iaith lleiafrifedig fynd rhagddo'n ddiymyrraeth. Prydeindod sydd yma o chwith, ac ar wastad mwy lleol:

> [...] ewch chwi bellach dros holl diriogaeth bywyd cyhoeddus 'Wales' ar y gwastad gweithrediadol, a ddowch chwi o hyd i'r un dasg arbennig, anghyffelyb y gallasai'r Gymraeg ei chyflawni? Fe'i cyflawnir hwynt oll eisoes gan y Saesneg. Felly pa fudd sydd ohoni? Y mae'r gollfarn, mewn ffordd, yn un dêg. Eithr sylwch *mai collfarn ar y gwastad gweithrediadol ydyw*. A'r casgliad i'w dynnu yw – fod yn rhaid inni ddechrau meddwl am dasg *arbennig* yr iaith Gymraeg bellach fel rhywbeth sy'n gorwedd mewn cyfeiriad hollol wahanol – cyfeiriad nad ydys yn gyffredin byth yn edrych tuag ato wrth holi ynghylch buddioldeb iaith. A'r neges a gynigiaf fi yw fod yna dasg benodol ac analiwnedig i'r Gymraeg yn ail hanner yr ugeinfed ganrif – tasg na fedr dim arall drwy'r hollfyd ei chyflawni – sef y dasg ffurfiannol o fod *yr unig foddion i achub gwahanrwydd y Bobl Gymreig rhag difancoll*.[8]

Dyma fynegi'n ddiamwys fod bodolaeth y Gymraeg, ac felly ei siaradwyr, yn iswasanaethgar i'r prosiect cenedlaethol ac yn ddarostyngedig i oddefgarwch ymarferol y grŵp iaith mwyafrifol.[9] Amlinelliad theoretig sydd yma o'r modd y gall y grŵp ieithyddol Saesneg oddi mewn i Gymru gyfranogi o'r gwahanrwydd hunaniaethol a ddarperir drwy fodolaeth weddillol y grŵp ieithyddol Cymraeg. Nid yw'r ymdriniaeth yn cyffwrdd â phroblem hegemoni ieithyddol. Gall y Saeson oddi mewn i Gymru barhau yn weithrediadol i fod yn Saeson gweithrediadol, hynny yw gallant barhau i fod yn Saeson, a pharhau i elwa ar eu cyfalaf diwylliannol gan arddel y Gymraeg yn symbolaidd heb ddioddef yr anfanteision sy'n beichio'r rhai sy'n ei harddel fel *praxis*. Dilysir eu goruchafiaeth ymarferol (gweithrediadol yw gair J.R.) gan y flaenoriaeth a roir i'r Gymraeg ar wastad ffurfiannol, damcaniaethol. Yng nghymdeithaseg Weber theodisi y gelwir damcaniaeth gyfiawnhaol sy'n dilysu goruchafiaeth grŵp neu ddosbarth neilltuol (term ydyw a gymhwysodd o athroniaeth Leibniz).[10] Yr eironi yn achos *A Raid i'r Iaith ein Gwahanu?* yw mai lladmerydd y gorthrymedig sy'n darparu a chyfundrefnu theodisi'r gorthrymwr.

Mae'r *sophisma* a amlinellwyd uchod yn crynhoi ymwneud cenedlaetholwyr â'r grŵp iaith. Dyma garn damcaniaethol sloganau annelwig fel 'Iaith Pawb' a'r syniad cyffredin, ond abswrd, a fynegir yn aml gan ymgyrchwyr iaith a chynrychiolwyr y wladwriaeth y geill iaith rywfodd berthyn i rywun nad yw'n ei medru. Ac yn yr un modd y dyheadau afreal i weld hyn a hyn o siaradwyr Cymraeg erbyn yr adeg ar adeg, hynny yw cydymdreiddiad mewn potensial. Yn hanesyddol, mae cydymdreiddiad mewn potensial yn cydredeg â dadfeiliad yr hyn sy'n weddill o gydymdreiddiad real. Nid brwydr dros yr iaith sydd yma, llai fyth brwydr dros ei siaradwyr, ond trawsfeddiannu iaith (a fwyfwy *y diffiniad* o'r iaith) i ddiben brwydr arall. A phan fo'r frwydr symbolaidd genedlaethol wedi'i hennill gellir dychwelyd at flaenoriaeth ymarferol idiom y gorthrymwr ac ymdoddi yn 'Ein' y teitl drwy gyfrwng y Saesneg.

Mae hi'n anodd iawn gweld sut mae hegemoni Angloffon oddi mewn i Gymru rywfodd yn fwy ystyrlon a llesol na hegemoni

Angloffon oddi mewn i Brydain. Ond i'r cyfeiriad hwnnw yr eir o ddilyn ymresymiad J.R. o fewn y cyfyngiadau a osododd ar ei ddehongliad yn y pamffledyn hwn ac mae'n eglur iddo yntau yn y man ddechrau anesmwytho ynghylch cyfeiriad a therfyn posibl ei ymresymiad.

***

Nid adolygodd J. R. Jones ei safbwynt ar flaenoriaeth hunaniaeth dros *praxis* ac nid ymwrthododd â chenedlaetholdeb. Roedd ynddo ryw geidwadaeth a'i rhwystrai rhag dilyn ei ymresymiad i'r eithaf a chefnu ar ragosodiadau darfodedig. Yn y cyswllt hwn mae cyfochredd rhwng ei ymdriniaeth ag argyfwng y Gymru Gymraeg a'i ysgrifau ar grefydd. Diflaniad agos y gwareiddiad anghydffurfiol Cymraeg a welai'n ymddatod o'i flaen a'i hysgogai i ysgrifennu a cheidw le i Gymreictod yn ei gyfundrefn fel y ceidw le ynddi i Dduw. Nid oedd am hepgor y naill na'r llall ac mae hynny'n ei ddyddio. Eto, yn *Gwaedd yng Nghymru* mae'n amlinellu gwyrdroad posibl y pwyslais ar hunaniaeth:

> Ond am Gymry o'r teip arall, nid ydynt hwy am golli eu hunaniaeth Gymreig. Y mae arwyddion, yn wir, eu bod yn mynd i ymgyndynnu yn eu penderfyniad i'w chadw. Daeth rhyw ddechrau tynnu i mewn i loches ei gwahanrwydd yn bethau ffasiynol. Ond os nad yw'r rhain am daflu ymaith yr hunaniaeth Gymreig, *y maent am ei newid*. Ac y maent am ei newid *mewn ffordd a fydd yn hwyr neu'n hwyrach yn golygu marwolaeth y Gymru Gymraeg*. A dyma'r caswir y mae'n rhaid ei wynebu: diau nad ydyw wedi dechrau digwydd eto, ond ym merw'r deffro cenedlaethol *cyffredinol*, y mae modd i'r rhain ddod yn 'genedlatholwyr' ac hyd yn oed yn aelodau o Blaid Cymru.[11]

Gwelir yma fod J. R. Jones yn ymwybodol o bosibiliadau gormesol ideoleg ymddangosiadol ryddfreiniol ac yn hyn o beth y mae ymysg theorïwyr lleiaf naïf y mudiad iaith. Yn y sylweddoliad yma y mae perthnasedd cyfoes J. R. Jones. Mae'n cynnig man cychwyn inni graffu ar ddarostyngedigaeth y grŵp iaith i amcanion cenedlaetholdeb, ar y trais symbolaidd ar y cymunedau Cymraeg gweddillol yng nghyd-destun cydymdreiddiad neo-ryddfrydiaeth a chenedlaetholdeb, ac ar ymddatodiad cynyddol amlwg y grŵp ieithyddol Cymraeg ar hyd llinellau dosbarth nad yw'n anghysylltiedig â'r budd dosbarth sydd yn ymhlyg mewn cenedlaetholdeb.

★★★

… Dychwelwn at y Ddiotima honno o Lŷn. Beth ddaeth drosti i gymell hogyn ysgol i ymgodymu â gweithiau J. R. Jones? Gweithiau astrus, trymion, meddir, er na chofiaf imi deimlo hynny wrth eu darllen. I'r gwrthwyneb, ymserchais yn eu harddull ac ymdeflais yn ddibetrus i newydd-der y diriogaeth anghyfarwydd a ymagorai imi drwyddynt. Ni pheidiodd Cymry darllengar â darllen J.R. ac ni ddiflannodd yntau o'u ffurfafen gyfeiriadol. Ni pheidiodd ei lyfrau â chylchredeg drwy diriogaeth weddillol y Gymru Gymraeg, o law i law, mewn siopau llyfrau ail-law, mewn siopau elusen. Yn llwyr annibynnol ar y gyfundrefn addysg a'r cyfryngau swyddogol, pery ymysg y deallusion organig hyn ymwybyddiaeth o'i ymdrech deg i ddehongli difodiant graddol eu bychanfyd. Mae arwyddion fod y neo-genedlaetholwyr a'u sefydliadau amwys, dwyieithog yn amcanu trawsfeddiannu'r cof amdano. Eto, nid oes i ysgrifeniadau J. R. Jones berthnasedd na gwerth parhaol y tu hwnt i barhad y gymdeithas Gymraeg ei hiaith.

Nodiadau

[1] Pierre Bourdieu a Roger Chartier, *Le sociologue et l'historien* (Marseille: Agone, 2010), t. 43.

[2] Alain Badiou, *L'antiphilosophie de Wittgenstein* (Caen: Nous, 2004).

[3] R. Tudur Jones, 'Cenedlaetholdeb J. R. Jones', *Efrydiau Athronyddol*, XXXV (1972), 24–38.

4   Yn *Agoriad yr Oes* (Talybont: Y Lolfa, 2001) mae Dafydd Glyn Jones yn trafod gafael y syniad o Ynys Brydain ar ddychymyg y Cymry. Dychmygiad yw'r Prydeindod hwnnw o gyfanheddiad tiriogaethol helaethach o safbwynt enciliad daearyddol diweddarach, a'i garn yw'r gymysgfa o chwedl a hanes am y gorffennol Brythonaidd-Rufeinig. Yn yr un modd mewn cyfnodau diweddarach mae'r enciliad tiriogaethol yn gyson ar y blaen i'r shifft araf yn y dychymyg daearyddol (Ynys Brydain > Cymru > y Fro Gymraeg hanesyddol > y Fro Gymraeg weddillol > cymuned ieithyddol ddigidol, wasgarog ...).

5   Cf. y dull hollol groes a amlinellir yn Pierre Bourdieu, *Questions de sociologie* (Paris: Minuit, 1984), t. 49.

6   Gw. Vincent Descombes, *Les embarras de l'identité* (Paris: Gallimard, 2013); Philip Gleason, 'Identifying Identity: A Semantic History', *The Journal of American History*, 69.4 (1983), 910–31.

7   J. R. Jones, *Prydeindod* (Llandybïe: Llyfrau'r Dryw, 1966), tt. 16–17.

8   Idem, *A Raid i'r Iaith ein Gwahanu?* (s.l.: Undeb Cymru Fydd, 1967), tt. 15–16.

9   Geill fod hyn yn ddisgrifiad cywir o amgylchiadau'r grŵp ieithyddol Cymraeg ond mae rhagor rhwng disgrifio cyflwr y gorthrymedig a dyrchafu a chyfundrefnu'r cyflwr hwnnw'n rhagorfraint.

10   Ar hynt y cysyniad, gweler y bennod ar 'Theodicy, the career of a concept' yn Bryan S. Turner, *For Weber: Essays on the Sociology of Fate* (London: Routledge, 1981).

11   J. R. Jones, *Gwaedd yng Nghymru* (Lerpwl a Phontypridd: Cyhoeddiadau Modern Cymreig, 1970), t. 26.

Yr angen am wreiddiau

Grahame Davies

GWREIDDIAU: DYNA ELFEN HANFODOL o hunaniaeth Gymreig os bu'r fath beth erioed. Tybed a oes gan genedl y Cymry unrhyw beth i'w ddysgu, gan unrhyw un, am y pwnc hwn?

Efallai. Carwn awgrymu bod gwerth edrych ar un o feddylwyr praffaf, a mwyaf heriol yr ugeinfed ganrif, sef y Ffrances Iddewig Simone Weil. Dyma ddeallusyn eithriadol ddisglair a aeth â'i hegwyddorion o'r stydi i'r stryd, a hynny er gwaethaf perygl yr aberth eithaf. Dyma alltud – ffoadures, yn wir – a luniodd weledigaeth ysbrydoledig o werth gwreiddiau i ysbryd y ddynoliaeth, gweledigaeth sydd yn dal yn hynod o berthnasol heddiw.

Mae'n werth gwrando arni heddiw am sawl rheswm: diffuantrwydd diarbed ei chymhellion; eglurder didrugaredd ei meddwl; mynegiant croyw a chofiadwy ei hysgrifennu. Ond yn bennaf oll, oherwydd *her* ei bywyd llwyrfrydig, ymroddedig – a byrhoedlog. Fy mwriad yn hyn o draethawd yw olrhain hanes bywyd a theithi meddwl Weil, gan nodi rhai o'r mannau lle y mae'r rhain yn cyffwrdd â thueddiadau tebyg yn hanes a syniadaeth Cymru.

Fe'i ganed yn 1909, ym Mharis, i deulu cariadus, Iddewig, seciwlar, diwylliedig, bwrgeisiol a rhyddfrydol. Cymysg yn ieithyddol oedd yr aelwyd – gyda'r Almaeneg a'r Ffrangeg yn cael eu siarad – ond Ffrengig yn bendant oedd y teulu o ran teyrngarwch a chenedligrwydd, gyda'r tad, y meddyg Bernard

Weil, wedi gwasanaethu'n ffyddlon gyda lluoedd Ffrainc yn y Rhyfel Byd Cyntaf – profiad a ddangosodd yn uniongyrchol i'r Simone ifanc fwy na'i chyfran o ddioddefaint a cholled. Teulu hynod ddisglair oeddent. Roedd brawd Simone, André, yn athrylith mathemategol a ddaeth maes o law yn fyd-enwog, ac roedd Simone ei hun yn ysgolhaig eithriadol o dalentog. Yn ei hysgol uwchradd, y Lycée Henri Quatre, cafodd ei dysgu gan un o athronwyr amlycaf ei gyfnod, Émile Chartrier, a adwaenid fel Alain. Dyma ddyn a ddewisodd wasanaethu yn y rhyfel fel milwr cyffredin, nid fel swyddog, gan ennill parch mawr am ei safiad. Ef oedd un o ddylanwadau mwyaf bywyd Weil: dyn a roddodd gyfiawnder cymdeithasol o flaen mantais bersonol; dyn a barchodd Gatholigiaeth, os yn unig fel system o werthoedd; dyn hefyd a oedd yn esiampl o wrthrychedd cyson, gan amau pob ymlyniad a chan gadw pellter rhag pob cymuned ffydd, boed honno'n grefyddol, yn wleidyddol neu'n gymdeithasol. Ar ôl y Lycée, aeth Simone yn 1928 i'r Ecole Normale Supérieure ym Mharis, sef coleg addysg uwch o fri mawr a hyfforddai elît academaidd galluocaf y genedl fel uwcharweinwyr llywodraeth ac academia. Ymhlith graddedigion y sefydliad hwn, fe geir nid llai na thri ar ddeg o enillwyr Gwobr Nobel. Dyma felly gwmni heriol a chystadleuol iawn i'r Simone ifanc, a hithau'n rhannu dosbarth gyda Simone de Beauvoir a Jean-Paul Sartre. Tybed a fu tri felly mewn un dosbarth ysgol arall erioed?

Hyd yn oed mewn cwmni mor eithriadol, ystyrid Simone yn rhywun mwy echreiddig na'r arfer: cyfeiriodd rhai ati (gyda sylw rhywiaethol annheilwng o aelodau sefydliad rhyddfrydol) fel 'y gorchymyn diamod – mewn sgert'. Serch eu hansensitifrwydd, roedd y sylwebwyr hynny wedi rhoi eu bys ar rywbeth hanfodol yng nghymeriad Simone: ei hagwedd gwbl ddigyfaddawd. Pan raddiodd gyda marciau uchel iawn yn 1931, roedd gyrfa academaidd ddisglair yn ei haros. Ond roedd sêl dros gyfiawnder cymdeithasol yn dân ysol ynddi, felly fe gefnodd ar academia er mwyn uniaethu â'r dosbarth gweithiol, y di-waith, a'r ysgymun.

Rhaid cofio cymaint o gyffro gwleidyddol, economaidd a deallusol oedd yn Ewrop y cyfnod, rhwng atgof un rhyfel ac argoel rhyfel arall. Roedd crefydd, bywyd cefn gwlad a'r hen gyfundrefn gymdeithasol yn dadfeilio, ac roedd ideolegau newydd a mudiadau torfol y dde a'r chwith yn cystadlu'n chwyrn, ac yn aml yn dreisgar, am uchelfannau'r meddwl a'r sgwâr gyhoeddus fel ei gilydd.

Roedd deallusion yn ymateb i'r berw gwleidyddol hwn mewn amryfal ffyrdd. A ninnau yn y cyfnod ôl-fodernaidd (os nad *ôl-ôl-fodernaidd*), mae angen rhywfaint o ddychymyg er mwyn amgyffred pa mor drawiadol o newydd oedd yr hyn a gymerwn yn ganiataol bellach fel cyflwr y byd modern diwydiannol: pethau fel twf dinasoedd; masgynhyrchu; llythrennedd a democratiaeth eang; diwylliant a chyfryngau torfol; a chyfathrebu electronaidd byd-eang. Yn oes Simone, maes *newydd* oedd hwn, yn llawn cyfleoedd a bygythiadau, yn cynnig her, cyhuddiad, a chyfle am arwriaeth ac aberth.

Felly dyna Simone, yn lle ymgau mewn tŵr ifori, yn cymryd gwaith fel athrawes ysgol mewn cyfres o drefi bach dinod, gan geisio codi'r werin drwy ysbrydoliaeth, uniaethiad ac esiampl. Nid oedd ar ei phen ei hun yn hynny o beth, wrth gwrs. Roedd Tolstoy eisoes wedi arbrofi gyda'r syniad. Gwnaeth George Orwell rywbeth tebyg. Genhedlaeth yn ddiweddarach, fe ddychmygwyd yr un sefyllfa yng Nghymru gyda'r cymeriad Harri Vaughan yn nofel Islwyn Ffowc Elis, *Cysgod y Cryman* yn ceisio byw egwyddorion Comiwnyddiaeth yng nghefn gwlad Powys. Nid Simone oedd y gyntaf, ac nid hi fydd yr olaf, i ddewis cyfnewid hawddfyd am adfyd wrth ymuno â'r difreintiedig.

Ymunodd, ymgyrchodd, ymrodd – ond nid oedd byth yn ymgolli. Ei hawydd mwyaf, mae rhywun yn teimlo, oedd canfod modd o ymberthyn – boed i gymdeithas, i achos, neu i grefydd

– er mwyn trechu teyrnlywodraeth yr hunan hollormesol. Ond er cymaint ei hawydd, ni lwyddodd i ymdoddi: i'r gwrthwyneb, fe ddaeth â'i hynodrwydd i bob dinodedd, gan aflonyddu ar bob sefyllfa gyda'i hymgyrchu diflino, didderbyn-wyneb. Er dyheu am ymdoddi, fe ddisgleiriodd er ei gwaethaf. Bathodd ei gelynion yr enw 'La Vierge Rouge' arni, sef 'Y Forwyn Goch'.

Rhaid nodi y ceir digon o dystiolaeth mai un gynhenid anfodlon â'i hystâd oedd Simone a bod elfennau personoliaethol cryf megis encilgarwch a hunan-anfodlonrwydd i'w hystyried wrth edrych ar ei bywyd a'i gwaith. Er mor gefnogol a goleuedig oedd ei rhieni, fe ymddengys fod gan Simone reddf i ymbellhau rhagddynt, ac i wadu ei benyweidd-dra. Weithiau, gwisgai ddillad dynion; ymwrthodai â serch; enciliai rhag cyffyrddiad corfforol; gwaredai rhag bwyd. Er chwilio am gyflwr pur o ymberthyn, roedd ynddi hefyd ysfa reddfol i'w hynysu ei hun.

Ni pheidiodd â chwilio am uniaethiad, ond ni chafodd fwy na chip ar wlad yr addewid hon. Nid oedd ei meddwl ymholgar, chwilfrydig, beirniadol yn gadael llonydd iddi – na chwaith i neb arall y daeth hi ar eu traws. Roedd Simone yn gwmni cyffrous ond llethol, yn llawn dadleuon a gwrthddadleuon diflino, digymrodedd. Ffraeai gyda phawb, gan gynnwys Leon Trotsky ei hun, pan oedd yntau ar ffo rhag ei elynion Sofietaidd ac yn aros gyda rhieni Simone. Delfrydu, dadansoddi, dadrithio, dadlau a dianc, dyna oedd patrwm ymwneud Simone â charfan ar ôl carfan: Comiwnyddion a chyfalafwyr; Catholigion ac Iddewon.

Cystal inni oedi am eiliad i ddelio â'r elfen boenus hon yn ei stori. Er mai Iddewes ydoedd, fe'i cyfrifai ei hun yn rhan o brif ffrwd ddiwylliannol Ffrainc, fel y gwelai hi'r peth: sef egwyddorion Helenaidd Groeg wedi eu datblygu gan Gristnogaeth. Cas ganddi oedd yr honiad fod gan Iddewiaeth ddatguddiad esgliwsif o'r dwyfol. Bu'n frawychus o negyddol am Iddewiaeth ar hyd ei bywyd, gan orfodi hyd yn oed ei chefnogwyr pennaf i gasglu bod ganddi gymhlethdod cywilydd diwylliannol hunan-gasaol. Hyn, fe dybir, sy'n esbonio pam y bu Simone, ymgyrchydd diflino dros bob lleiafrif *arall*, mor rhyfedd o amharod i amddiffyn y lleiafrif yr oedd hi ei hun yn perthyn iddo, hyd yn oed pan oedd yn dioddef erledigaeth greulon.

Tiriogaeth y *Chwith* oedd prif gynefin y Simone ifanc: radicaliaid, anarcho-syndicalwyr, sosialwyr ac undebwyr o bob math. Treuliodd fisoedd yn gweithio mewn ffatrïoedd peirianyddol er mwyn profi bywyd y gweithwyr. Weithiau roedd y bwlch rhwng ei chefndir hi a chefndir y gweithwyr yn boenus o amlwg. Ar ei diwrnod cyntaf mewn un ffatri, fe drodd Simone i fyny yn gwisgo blows wen, er rhyfeddod i'w chyd-weithwyr. Ond er bod mwyafrif ei chymdeithion yn ei gweld fel deallusyn echreiddig, amherthnasol yn unig, ni pheidiodd ei brwdfrydedd a'i delfrydiaeth hithau. Fe aeth, hyd yn oed, yn aelod o garfan arfog o anarcho-syndicalwyr rhyngwladol i ymladd yn Rhyfel Cartref Sbaen, gan wasanaethu am dair wythnos yn unig cyn i anaf ddod â'i rhyfel i ben.

Rhwng y cyfnodau hyn o ddioddefaint dewisol, fe ddychwelai Simone adref at ei rhieni hirymarhous, er mwyn atgyfnerthu ar gyfer ei hantur nesaf. Dyna a wnaeth wedi Sbaen. Tra oedd yn gwella o'i hanaf, aeth ar fordaith wyliau gyda'i rhieni. Dyma lle y mae ei bywyd yn cymryd cyfeiriad annisgwyl. Ar y daith hon, a hithau'n anffyddwraig lwyr, fe ddechreuodd Simone gael profiadau crefyddol cyfriniol ysgytwol iawn. Nid oedd un dim yn ei chefndir wedi ei pharatoi at hyn, ac wrth chwilio am esboniad fe ddechreuodd glosio fwyfwy at Gatholigiaeth. Dyma flas ar y gyfriniaeth a holltodd, fel mellten, drwy fateroliaeth a rhesymeg y person cwbl seciwlar yma. Dyma fel y disgrifiodd Weil y profiad o adrodd Gweddi'r Arglwydd mewn Groeg:

Ar adegau, mae'r geiriau cyntaf oll yn rhwygo fy meddyliau allan o'm corff ac yn eu cludo i rywle y tu allan i'r gofod lle nad oes na phersbectif na safbwynt, Yn lle annherfynoldeb eangderau

cyffredin ein hamgyffred, fe ddaw annherfynoldeb weithiau o'r
ail neu'r drydedd radd. Ar yr un pryd, yn llenwi pob rhan o'r
annherfynoldeb hwn o annherfynoldebau, mae distawrwydd, nid
distawrwydd diffyg sŵn, ond yn hytrach wrthrych teimlad positif,
yn fwy positif na sŵn.

Dyna gyfriniaeth ar ffurf haniaethau, a'r mynegiant bron iawn
yn wyddonol ei ieithwedd. Ond roedd yna agwedd lawer mwy
synhwyrus, corfforol ac emosiynol i'w phrofiad hefyd; agwedd na
fyddai'n ddieithr i Teresa o Afila, er enghraifft, neu Ann Griffiths
o ran hynny. Cafwyd y darn dadlennol canlynol ymhlith ei
hysgrifeniadau o'r cyfnod hwn:

> Daeth i mewn i fy ystafell gan ddweud: 'Y greadures, nad wyt yn
> deall dim, nad wyt yn gwybod dim. Tyrd gyda mi ac fe ddysgaf iti
> bethau na ddisgwyli.' Dilynais ef. Aeth â mi at eglwys. Arweiniodd
> fi at yr allor a dweud: 'Penlinia.' Dywedais i: 'Nid wyf wedi fy
> medyddio.' Dywedodd ef: 'Penlinia gerbron y lle hwn, mewn cariad,
> fel pe bai o flaen y man lle gorwedd y gwirionedd.' Ufuddheais.
>
> Daeth â mi allan a gwneud imi ddringo i atig. Drwy'r ffenestr
> agored gellid gweld yr holl ddinas wedi ei thaenu o'th flaen.
> Roedd yr atig yn wag, heblaw am fwrdd a dwy gadair. Roedden
> ni ar ein pennau'n hunain. Roedd y gaeaf wedi ymadael, a'r
> gwanwyn yn dal heb ddod. Siaradodd ef. Wedyn ar adegau,
> byddai'n ymdawelu, yn cymryd bara o'r cwpwrdd a byddem yn
> ei rannu. Gwir flas bara oedd iddo. Nid wyf erioed wedi blasu ei
> debyg. Byddai'n tywallt gwin inni – gwin yn blasu o'r haul ac o'r
> pridd yr adeiledir ein dinas arno.
>
> Ar adegau eraill byddem yn gorwedd ar ein hyd ar lawr yr atig,
> a chawn fy lapio mewn cwsg melys. Wedyn, byddwn yn deffro ac
> yn yfed o oleuni'r haul.
>
> Addawsai fy nysgu, ond ni ddysgodd ddim imi. Siaradem am
> bob math o bethau, yn bytiog, fel hen ffrindiau.
>
> Un diwrnod, dywedodd wrthyf: 'Nawr, dos.' Syrthiais ger
> ei fron. Cydiais yn ei goesau, gan ymbil arno i beidio â 'ngyrru
> ymaith. Ond fe daflodd fi allan ar y grisiau. Euthum i lawr â fy

nghalon fel pe bai'n deilchion. Wedyn, sylweddolais nad oedd gen i'r un syniad ble roedd y tŷ hwn.

Ni cheisiais erioed ddod o hyd iddo eto. Daethai amdanaf drwy gamgymeriad. Nid yn yr atig hwnnw y mae fy lle. Gallwn fod yn unrhyw le – mewn cell carchar, mewn parlwr dosbarth canol – unrhyw le, heblaw yn yr atig honno.

Gwn yn iawn nad yw'n fy ngharu. Sut gall ef fy ngharu? Ac eto, yn ddwfn o'm mewn, mae rhywbeth, rhyw ronyn o'm hunan, yn methu peidio â meddwl, gan grynu ag ofn, ei fod ef, efallai, er popeth, yn fy ngharu i.

Sut Dduw oedd hwn yr oedd yr ymgyrchydd anffyddiol tanbaid yma wedi cwympo i'w ddwylo? Duw deublyg: cariadlon a maddeugar; cyfaill y tlawd a'r gorthrymedig; gwas, gweithiwr, cydymaith i'r gwan. Ond hefyd, meistr mympwyol, awdurdodaidd, oriog; Duw ffordd y nacáu, y *via negativa*, sydd yn bresennol yn unig yn ei absenoldeb:

Ni all Duw fod yn bresennol yn y cread ond ar ffurf absenoldeb … Y byd hwn, i'r graddau y mae'n *amddifad* o Dduw, yw Duw ei hunan … Nid oes un dim sy'n bodoli yn llwyr deilyngu cariad. Mae'n rhaid inni felly garu'r hyn *nad* yw'n bodoli.
Pan fo arnom angen yng ngwaelod ein hymysgaroedd am sŵn sydd ag ystyr iddo, pan griwn am ateb, a phan *na dderbyniwn* ateb, *dyna* pryd y cyffyrddwn â distawrwydd Duw.

Bellach, roedd yn amhosibl i Weil fyw heb y realaeth drosgynnol hon. Sut oedd byw yng ngoleuni profiad mor brin? Neu, yn hytrach, sut oedd byw yn y *cysgod* a daflwyd gan y goleuni hwnnw, gan nad oedd bywyd ond yn gysgod i'r profiadau hyn? Yr ateb oedd *l'attente*, astudrwydd amyneddgar, disgwylgar, hirymarhous. 'Ymdrech oddefol wedi'i chyfeirio at absenoldeb annwyl' yw hwn, yn ôl disgrifiad Thomas Nevin, un o fywgraffwyr Weil.

Wrth gwrs, ni ellir ond tybio bod elfen gref o resymoli'r encilgarwch a'r hunangasineb yma. Ond serch hynny, roedd ymarweddiad Weil tuag at y dwyfol yn wreiddiol iawn – yn cynrychioli rhyw fath o wyleidd-dra ysbrydoledig:

> Gweld tirlun fel y mae pan nad wyf fi yno ... Pan wyf fi yn rhywle, mae fy anadl a churiad fy nghalon yn difwyno distawrwydd y nef a'r ddaear.
>
> Ni fedraf ddychmygu bod ar Dduw angen fy ngharu, pan deimlaf mor sicr mai dim ond camgymeriad yw cariad tuag ataf, hyd yn oed gyda bodau dynol. Ond medraf yn hawdd ddychmygu Ei fod yn caru'r olygfa honno o'r cread na ellir ei gweld ond o'r man lle'r ydwyf. Ond rwyf fi megis sgrin. Rhaid imi gilio er mwyn Iddo gael gweld.

Ar ben holl gythrwfl ei bywyd mewnol, daeth helbul allanol hefyd, wrth i'r Ail Ryfel Byd yrru'r teulu ar ffo o Baris i ardal led-annibynnol Vichy yn neheudir y wlad. Yno, gyda'i chwilfrydedd am Gristnogaeth bellach yn obsesiwn, fe ddaeth Simone yn gyfeillgar gyda grŵp o ddeallusion Catholig yn ardal Marseilles, gan gynnwys y Tad Joseph-Marie Perrin a'r mân-dirfeddiannwr Gustav Thibon. Aeth i letya gyda Thibon, gan obeithio ymuniaethu gyda gweithwyr y tir. Roedd y ddau yma'n cynrychioli dau begwn hollol wahanol o wleidyddiaeth Ffrainc: hi'n sosialydd i'r carn, ac yntau'n un o brif leisiau athronyddol yr adain dde Gatholig, ac yn gyn-aelod o'r mudiad ceidwadol Action Française, sef y mudiad yr oedd Charles Maurras a Maurice Barrès ymhlith ei arweinwyr deallusol, y mudiad a ysbrydolodd Ambrose Bebb a Saunders Lewis am gyfnod – pwnc sy'n ddadleuol hyd heddiw ym maes hanes cenedlaetholdeb Cymreig.

Dychmygwch fraw y ceidwadwr rhonc hwn, Thibon, pan ofynnodd y Tad Perrin iddo roi cartref i 'Iddewes ifanc ... â gradd mewn athroniaeth, ac yn ymgyrchydd milwriaethus gyda'r Chwith eithafol'. Er bod Thibon yn sgeptigaidd, roedd y dyn hwn yn *fwy* na'i ragfarnau. Meddai, gan fathu ymadrodd y gall unrhyw un elwa yn fawr o'i ddilyn: 'Nid oeddwn yn fodlon i fwrw o'r neilltu enaid yr oedd Tynged wedi ei osod ar fy llwybr.' Rhoddodd groeso i Simone, felly, ac, wrth ddod i adnabod ei westai rhyfedd, fe gafodd ei bod hi hefyd yn fwy na'i rhagfarnau *hithau*. Yn llawer iawn mwy.

Daw'r geiriau canlynol o'r cyflwyniad i olygiad Thibon o ysgrifeniadau Simone, a gyhoeddwyd wedi ei marwolaeth fel *La Pesanteur et la Grâce*, sef 'Disgyrchiant a Gras', neu, yn Saesneg, 'Gravity and Grace'. Dyma hi yn awr, yng ngeiriau Thibon:

> yn wahanol i'r rhelyw o bobl, fe wellodd yn aruthrol mewn awyrgylch o agosatrwydd clòs; gyda'r rhyddid mwyaf brawychus fe arddangosodd bopeth a oedd fwyaf annymunol yn ei natur, ond rhaid oedd wrth lawer o amser ac ewyllys da, a goresgyn llawer iawn o ochelgarwch, cyn iddi arddangos yr hyn oedd orau ynddi. Roedd hi bryd hynny yn dechrau ymagor i Gristnogaeth â'i holl enaid; fe dywynnodd ohoni gyfriniaeth groyw; ni welais yn yr un enaid byw arall erioed y fath gynefindra â dirgeleddau crefydd; ni theimlais erioed i'r gair *goruwchnaturiol* gael ei drydanu â mwy o ystyr na phan oedd mewn cysylltiad â hi.

'Haearn a hoga haearn: felly gŵr a hoga wyneb ei gyfaill', meddai Llyfr y Diarhebion, ac felly y bu gyda'r ddau hyn a symudodd, trwy ddadleuon blinderus, at ddealltwriaeth ddofn. Tybed, pan lwyddir i ganfod cymod rhwng cynrychiolwyr yr eithafion *pellaf*, onid dyna'r gyd-ddealltwriaeth fwyaf gwerthfawr oll? Cael ffordd drwy'r drain at ochr hen elyn, chwedl Waldo Williams.

Fe ddaeth Thibon i ystyried Simone yn rhywbeth tebyg i santes. A dyna ddweud mawr i rywun a oedd yn cydletya â hi. Serch hynny, nid oedd yn ddall i'w ffaeleddau. Yn graff iawn, fe roddodd ei fys ar egotistiaeth annileadwy ei hysfa hunanaberthol. Meddai:

Ni fedrai hi oddef i ddigwyddiadau nac i garedigrwydd ei ffrindiau newid o un fodfedd leoliad y stanciau a osodwyd gan ei hewyllys ar hyd llwybr ei hunanaberth.

Meddai mewn man arall:

Roedd yr ego ynddi, fel petai yn air yr oedd hi wedi llwyddo i'w ddileu – ond a oedd yn dal wedi ei danlinellu.

Ac fel enghraifft fach ysgafn o ddelfrydiaeth anymarferol Simone, soniodd Thibon am ferch ifanc ddosbarth gweithiol a letyai gyda'r teulu. Roedd Simone yn credu ei bod wedi dirnad yn yr eneth hon alwedigaeth at yrfa ddeallusol. Felly fe dreuliodd oriau gyda hi, yn arllwys ei dysg yn hael ac yn helaeth, mewn sylwebaeth fanwl, wreiddiol ac ysbrydoledig ar ysgrythurau Hindŵaidd yr Wpanishadau. Meddai Thibon: 'Bu bron i'r greadures farw o ddiflastod. Ond roedd hi'n rhy boléit, a chanddi ormod o feddwl o Simone, i ddweud dim.'

Rhaid imi gyfaddef, rwy'n cael y cyfeillgarwch gonest a chostus hwn rhwng dau mor wahanol yn ddigon i dwymo calon dyn. Am gyfnod byr, a hithau'n ffoadures yn byw ar drugaredd un a ddylsai fod yn elyn iddi, fe gafodd Simone dangnefedd. Ond dim ond am gyfnod byr. Pan feddiannodd y Natsïaid ardal Vichy ei hun, rhaid oedd i Simone a'i theulu ffoi eto: i Moroco yn gyntaf, ac oddi yno i Efrog Newydd.

Ymhen hir a hwyr, cyrhaeddodd Simone Lundain, gan ymuno â lluoedd y Ffrainc Rydd. Dyfeisiodd syniad o greu carfan o nyrsys benywaidd – a hithau, wrth gwrs (nad oedd yn nyrs o fath yn y byd), yn eu plith – gan eu taflu i reng flaen y rhyfel er mwyn iddyn nhw gael eu lladd fel esiampl o hunanaberth. Nid oedd merched yn cael gwasanaethu yn y rheng flaen bryd hynny, felly nid oedd y posibilrwydd lleiaf y byddai'r awdurdodau yn cydsynio i'r cynllun. Anodd yw peidio casglu bod gan Simone obsesiwn gyda merthyrdod a dioddefaint. Ceisiodd ddarbwyllo'r Cadfridog de Gaulle o rinweddau'r syniad. Ei ymateb swta ef oedd: 'Ond mae hi'n wallgof.' Serch hynny, gwelodd botensial yn Simone ei hun fel meddyliwr os nad fel nyrs, ac fe osododd iddi'r dasg o greu gweledigaeth o ddyfodol Ffrainc wedi'r rhyfel, drwy astudio'r gwahanol faniffestos a oedd yn cystadlu am sylw darpar arweinydd Ffrainc.

Achubodd Simone ar y cyfle, gan gyfuno'i syniadau crefyddol, economaidd, gwleidyddol a chymdeithasol mewn un weledigaeth ddwys a chynhwysfawr o werth y genedl fel amgylchedd hanfodol i'r enaid. Bygythiad dirfodol i'w chenedl a ysgogodd frys, dwyster ac angerdd y gwaith. Meddai Thomas Nevin: 'Roedd fel pe bai trychineb wedi galw ei dawn i fodolaeth.' Canlyniad hyn oll oedd ei dadansoddiad meistrolgar o anghenion yr ysbryd dynol, sef *L'Enracinement* 'Yr Angen am Wreiddiau', cynnyrch un a fu'n grwydryn o ddewis, ac a oedd ar y pryd yn ffoadur ac yn alltud – un na fyddai'n gweld ei gwlad byth eto.

Yn y dyfyniadau canlynol, ceir awgrym o'r deunydd a ddaeth â Weil i sylw sylwebwyr o Gymru wedi'r rhyfel. Roedd Simone wedi ei hawntio gan y ffaith y gellir dileu diwylliannau a gwareiddiadau. Gwyddai fel yr oedd Ffrainc y Canol Oesoedd wedi dileu diwylliant unigryw Profense yn enw unffurfiaeth wleidyddol, ieithyddol a chrefyddol. Meddai:

> Paham y mae pawb yn parhau i ailadrodd y wireb honno nad oes modd dinistrio gwerthoedd ysbrydol drwy rym noeth? Mae'n eu dinistrio nhw yn gyflym ac yn hawdd iawn … Nid oes un dim yn y byd mor werthfawr, ond ar yr un pryd mor frau ac mor fregus, mor anodd, neu hyd yn oed mor amhosibl ei adfywio, â chynhesrwydd byw rhyw amgylchfyd dynol, y cyfrwng hwnnw sy'n trochi ac sy'n meithrin y meddwl a'r rhinweddau.

Dyma hi eto:

Nid yw Ffrainc heddiw yn berchen ar realaeth arall ar wahân i
atgofion a gobaith … nid yw'r famwlad fyth mor hardd ag yw hi
dan orthrwm concwerwr.

Mewn man arall, meddai: 'Mae pob Ffrancwr wedi dod i deimlo
realiti Ffrainc drwy gael ei amddifadu ohoni.'

Cas gan Simone oedd ymerodraeth falch, ormesol Ffrainc.
Collfarnodd ei mamwlad am ormesu brodorion ei threfedigaethau,
yn ieithyddol ac yn ddiwylliannol, nid yn unig yn Affrica, Indo-
Tseina a'r Môr Tawel, ond hefyd yn Llydaw. Cydymdeimlai
Weil hefyd â dyheadau cymunedol Llydaw, Cymru, Cernyw ac
Iwerddon. Cariad arwynebol iawn, yn ei thyb hi, oedd hwnnw
a ysgogwyd gan fri, grym a statws cenedl neu unigolyn. Llawer
purach oedd cariad tuag at y diymadferth a'r diymgeledd. Serch
tuag at wendid, nid tuag at gryfder, oedd fwyaf teilwng, meddai:

Mae'r ymdeimlad hwn o serch ingol tuag at rywbeth hardd,
gwerthfawr, bregus a byrhoedlog yn fwy angerddol na'r ymdeimlad
o fawredd cenedlaethol.

Meddai mewn man arall: 'Ymlyniad gwlatgar at wlad farw,
dyna yw'r ffyddlondeb eithaf.' Tebyg yw hwn i'w chariad at
y Duw absennol. Cariad purydd encilgar o reddf, ydyw hwn,
efallai, ond mae'r cymhellion glân, y diffyg hunan-les, hunan-
dwyll ac anonestrwydd syniadol yn gyfraniad gwerthfawr tuag at
athroniaeth gwladgarwch.

Roedd Simone, felly, am i Ffrainc seilio'i hunanddelwedd nid ar
fri a statws allanol yr *état* na'r wladwriaeth, ond ar ei phwysigrwydd
fel *cartref*, fel cyd-destun diwylliannol, cymdeithasol a daearyddol
unigryw; fel magwrfa eneidiau tragwyddol. Dylai'r tymhorol fod
yn *bont* tuag at y dwyfol, yn gyfrwng cysylltiol, yn *metaxu* (sef
gair Groeg Weil am y cysylltiad hwn). Nid eilun i'w addoli yw'r
genedl i Weil, ond rhywbeth *at iws*, rhywbeth o werth mesuradwy

i iechyd y math arbennig o eneidiau sy'n cael eu magu ynddi. Un o anghenion haniaethol ond hanfodol yr enaid ydyw. Ceir tinc dadleuon dros bioamrywiaeth yn ei syniadaeth. Meddai:

Yn union fel y ceir gwelyau meithriniad arbennig ar gyfer anifeiliaid meicrosgopaidd arbennig, a mathau arbennig o bridd ar gyfer mathau arbennig o blanhigion, felly y ceir rhan arbennig o'r enaid ym mhob un, a dulliau arbennig o feddwl a gweithredu a drosglwyddir o'r naill berson i'r llall, sydd yn gallu bodoli yn unig mewn cyd-destun cenedlaethol, ac sydd yn diflannu pan ddinistrir cenedl.

Gwelodd y genedl fel sagrafen, yn gyfrwng ar gyfer y dwyfol, nid yn ddiben ynddo'i hun. Datblygodd resymeg genedlaetholgar argyhoeddiadol ar seiliau moesol ac ymarferol yn hytrach nag ar rai teimladol; ymgroesai rhag rhamant, sentiment, hunan-gysur a hunan-dwyll. Dylid parchu cae o ŷd gan ei fod yn faeth dynol, meddai, a pharchu cenedl gan ei bod yn faeth i eneidiau'r presennol a'r dyfodol: 'Hi sy'n darparu'r unig ddull o gadw'r trysorau ysbrydol a grynhowyd gan y meirw, yr unig gyfrwng o drosglwyddo y medr y meirw gyfarch y byw drwyddo.'

Roedd y gorffennol a thraddodiad yn hollbwysig i Weil. Roedd bod yn wreiddiedig yn golygu bodoli mewn cyd-destun naturiol, organig a roddai ystyr i fywyd yr unigolyn, yn economaidd, yn gymdeithasol, yn gyfreithiol, yn ddiwylliannol ac yn grefyddol. Un o restr baradocsaidd o hanfodion haniaethol yr enaid yw'r genedl, ynghyd â chyfuniadau gwrthgyferbyniol, megis parch a chosb; cydraddoldeb a hierarchiaeth; diogelwch a pherygl, ac yn y blaen. Crynhoir y gyfundrefn hon o berthynas ganddi gyda'r syniad o wreiddiau:

Bwrw gwreiddiau yw angen pwysicaf ac angen lleiaf cydnabyddedig yr enaid o bosibl. Mae'n un o'r anghenion anosaf i'w ddiffinio. Mae dyn yn berchen ar wreiddiau drwy ei gysylltiad real, byw a naturiol â bywyd cymuned sy'n cadw rhai o drysorau'r gorffennol a rhai o ragargoelion y dyfodol yn fyw.

Y drosedd fawr, iddi hi, felly, yw 'diwreiddio' – torri'r berthynas organig, naturiol, drwy, er enghraifft, gaethiwo unigolion yn economaidd, neu gaethiwo poblogaeth yn wleidyddol. Cabledd, meddai, yw dinistrio'r pethau hynny sydd yn *metaxu* i'r dwyfol: cartref, gwlad, traddodiadau, diwylliant, pethau sy'n cynhesu ac yn bwydo'r enaid ac y buasai bywyd dynol, islaw sancteiddrwydd, yn amhosibl hebddynt.

Mae difodi cenedl yn drosedd gyda'r mwyaf: yn amddifadu pobl gyfan o fara'r enaid. At hynny, profiad heintus yw diwreiddio, gan nad yw'r diwreiddiedig yn parchu gwreiddiau pobl eraill. 'Diwreiddio yw'r clefyd peryclaf o ddigon y mae cymdeithasau dynol yn agored iddo, gan ei fod yn un sy'n ymluosogi', meddai. 'Bron na cheir trosedd fwy' ac 'mae gennym oll ein rhan mewn nifer dirifedi bron o droseddau o'r fath. Pe baem ond yn medru deall, byddai'n tynnu dagrau o waed ohonom.'

Nid cyfriniaeth na haniaeth oedd yma, i Weil, ond ffaith faterol. Roedd hi'n ymwrthod â'r duedd i hawlio ordinhad dwyfol dros yr hyn a garwn, er mor naturiol yw'r reddf honno: Dymunwn i bopeth sydd â gwerth fod yn dragwyddol', meddai. Nid creadigaeth dragwyddol a dwyfol mo'r genedl, ond uned ethnig a daearyddol, a grëwyd gan rymoedd hanesyddol a siawns, yn un ymhlith nifer o unedau eraill tebyg, pob un yn unigryw, a phob un, i'r rhai a gafodd eu magu ynddi, yn hanfodol i iechyd yr enaid.

Ond bid a fo am iechyd enaid, erbyn hyn, yn ystod haf 1943, roedd iechyd corfforol Weil yn dirywio'n enbyd. Fel mater o egwyddor, gwrthododd fwyta mwy na'r tlotaf o ddinasyddion Ffrainc dan amodau dogni bwyd. Torrodd ei hiechyd, a chanfuwyd fod y ddarfodedigaeth arni. Aethpwyd â hi i'r ysbyty yn Llundain ac wedyn i sanitoriwm yn Ashford yng Nghaint. Ond daliodd i wrthod bwyd. Gwrthododd hefyd gael ei bedyddio i'r ffydd Gatholig er i rai o'i ffrindiau ei hannog hi.

Bu farw ar 24 Awst 1943, yn dri deg a phedair mlwydd oed, ac fe'i claddwyd ym mynwent newydd Ashford – ar y ffin rhwng y Catholigion a'r Iddewon, yn addas iawn. Cynhaliwyd cwest: hunanladdiad drwy hunan-newynu oedd achos ei marwolaeth, yn ôl y crwner. Ond anorecsia, y ddarfodedigaeth neu gyfuniadau gwahanol o glefydau anhysbys oedd yr achos yn ôl llawer o'i hedmygwyr, yn enwedig Catholigion.

Cyhoeddwyd gwaith Simone wedi ei marwolaeth, a hynny dan olygyddiaeth Perrin a Thibon yn bennaf. Yn fuan iawn fe ddaeth hi'n ffigwr cwlt – ond ar gyfer sawl cwlt gwahanol. Nid hawdd ei ddiffinio: mae hi'n rhy grefyddol i'r Comiwnyddion ac yn rhy sosialaidd i'r crefyddwyr; mae hi'n rhy Iddewig i rai Cristnogion ac yn rhy Gristnogol i rai Iddewon. Rhy hyn, rhy'r llall. Cymerodd bethau i eithafion: gonestrwydd; cyfrifoldeb cymdeithasol; dysg; llafur; hunanymwadiad; Duw. Meddai Nevin:

> Erys y fersiwn Ffrengig hwn o Kafka, y croesiad hwn rhwng
> Pascal ac Orwell yn amhosibl i'w chategoreiddio. Yn ddi-wlad yn
> ddeallusol; proffwyd heb unrhyw wlad i'w hanrhydeddu. Iddewes
> Gatholig a feirniadodd y ddau draddodiad yn ddidrugaredd; llais yn
> llefain yn yr anialwch, estron. Nawddsant pob alltud.

Mae holl waith Simone ar gael yn Saesneg os, fel minnau, na fedrwch ddarllen Ffrangeg yn dda iawn. Gellir dechrau gyda *Gravity and Grace*, a *L'attente de Dieu / Waiting for God*, a hefyd, wrth gwrs, *The Need for Roots*. Anodd yw peidio cael eich newid ganddynt. Ceir hefyd fywgraffiadau gwych megis *Utopian Pessimist* gan David McLellan, a ysgrifennwyd o safbwynt Marcsaidd *a* Chatholig.

Cyn amlinellu'r ymateb *Cymreig* i'w syniadaeth, fe ddylwn nodi y gellir darllen gwaith Simone mewn nifer o ffyrdd gwahanol. Mae dehonglwyr gwahanol wedi ei diffinio fel Pabyddes; Protestant; cyfrinydd; Cathar; Cristion Cyntefig; Iddewes; gwrth-Semitydd; Gnostig; Pantheist; Stoic; sosialydd, ffasgydd, ceidwadwr a syndicalydd, i enwi dim ond rhai o'r labeli a roddwyd arni. Wrth gwrs, ceir tystiolaeth dros yr holl ddeongliadau hynny rywle neu'i gilydd yn ei gwaith helaeth ac ansystemataidd. Oherwydd hynny, ni ellir ei lleoli'n daclus mewn unrhyw gategori deallusol, dim mwy nag y gellir ei phriodoli yn bendant yn rhan Gatholig neu Iddewig mynwent Ashford. Dyna, wrth gwrs, sy'n ei gwneud hi mor gyffrous. Roedd hi'n gyson yn unig wrth wrthod cysoni ei hun â chategorïau neb arall.

Serch hyn oll, anodd i'w darllenwyr yw arfer y fath annibyniaeth gostus a diflino. Fel a wneir gyda deunydd unrhyw gorff mawr o waith amrywiol, tueddant i ddewis yr hyn sydd yn gweddu i'w bydolwg. I Thibon a Perrin, naturiol oedd gweld eu cyfaill drwy lygaid Catholig. Yn naturiol ddigon, syniadaeth Weil am gymunedau, am ymberthyn, ac am y genedl a ddenodd genedlaetholwyr Cymreig ati wedi'r Ail Ryfel Byd.

Yr athronydd John Robert ('J.R.') Jones, Athro Athroniaeth yn Abertawe, a fu'n bennaf gyfrifol am gyflwyno syniadau Weil i Gymru. Gyda Tillich a Wittgenstein, Weil oedd un o'r prif ddylanwadau arno. Wrth iddo ef lafurio ar dalcen caled cenedlaetholdeb wedi'r Ail Ryfel Byd, gellir dychmygu pa mor falch ydoedd o gael bod un o ddeallusion disgleiriaf y Cyfandir wedi llunio amddiffyniad rhesymegol, athronyddol a chrefyddol dros oroesiad y gymuned genedlaethol, a'i bod wedi gwneud hynny gydag angerdd a huotledd anghyffredin, a'i bod, i'r fargen, wedi selio'r cyfan gyda'r oruchafiaeth foesol a ddaw o fywyd hunanaberthol. Nid cenedlaetholdeb rhamantus a gobeithiol diwedd y bedwaredd ganrif ar bymtheg oedd hwn, ond credo a grëwyd dan amodau dioddefus a dadrithiedig canol yr ugeinfed ganrif. Proffwyd i oes y Peiriant oedd hi, felly.

Yn llyfr J. R. Jones, *Ac Onide*, a ysgrifennwyd yn ei gystudd olaf yn 1970, ceir pennod gyfan ar Weil dan yr enw 'Yr Angen am Wreiddiau'. Mae'r testun hwn, gyda llaw, ynghyd â thestunau pwysicaf eraill J. R. Jones, bellach ar gael ar ffurf ddigidol, diolch i brosiect Y Porth gan y Coleg Cymraeg Cenedlaethol. Dyma, yn fersiwn Jones, un o'r dyfyniadau o *L'Enracinement* a apeliodd fwyaf ato:

Ni ddwg y dyfodol i ni ddim, ni ddyry i ni ddim; nyni fydd raid rhoi – i'w adeiladu. Eithr i fedru rhoi, rhaid meddu, ac ni feddwn yr un gynhysgaeth fywiol ond y trysorau a ddaeth i lawr i ni o'r gorffennol wedi eu cymathu a'u creu o'r newydd gennym. O holl angenrheidiau enaid dyn nid oes un pwysicach na'r angen hwn am y gorffennol. Ni ddichon neb adfer gorffennol a ddifawyd. Odid nad y trosedd duaf, gan hynny, yw difa'r gorffennol. A cholli'r gorffennol yw'r trychineb mwyaf a fedr ddigwydd i ddyn. I osgoi'r golled hon y cawn bobloedd yn barod i wneud unrhyw beth o flaen ildio'u gwlad i ddwylo'r gelyn.

Ceisiodd Jones gysoni cenedlaetholdeb â'i Gristnogaeth, ac roedd dadleuon Weil felly'n apelio'n fawr. Dyma ef yn ei dyfynnu eto:

Medrwn garu Ffrainc am y gogoniant y tybir ei fod yn rhoi iddi warant parhad dros byth; neu fe ellir ei charu fel rhywbeth y gellir oblegid ei fod yn ddaearol, ei golli, ac oherwydd hynny, sydd gymaint yn fwy gwerthfawr. Y cariad olaf hwn yn unig a weddai i Gristion, canys hwn yn unig a ddwg nodau'r gostyngeiddrwydd Cristionogol.

Mae Weil, meddai Jones, yn darparu ateb i'r feirniadaeth oeraidd iwtilitaraidd sy'n mesur gwerth cenedl yn ôl ei 'phwrpas mewn hanes'. Ei phwrpas, meddai Weil, yw i faethu eneidiau.

Y mae'n rhwymedig arnom i barchu gwlad neu genedl, nid er ei mwyn ei hun ond am ei bod yn fwyd i ryw nifer arbennig o bobl.

Os collir y bwyd hwn, ni ellir ei adfer ... Hyd yn oed pan elwir
arnom i aberthu'r cwbl dros y genedl, nid oes barch amgenach yn
ddyledus iddi na'r parch a haedda bwyd.

Dyma Jones yn dyfynnu Weil eto: 'Ond am y bwyd a ddyry
cenedl i'r eneidiau sy'n aelodau ohoni, nid oes dim y gellir ei
gyfnewid am hyn drwy'r cyfanfyd oll.'

Wrth gwrs, mater o ddadl yw a ellir derbyn y gynsail fod
cenedl mor bwysig â bwyd. Ac wrth fynd heibio, amhosibl yw
anwybyddu'r ffaith fod y syniadaeth hon yn gynnyrch rhywun a
oedd â pherthynas gymhleth gyda maeth corfforol.

Bid a fo am hynny, fe roddodd y dadleuon hyn ddigon o
faeth i genedlaetholdeb Cymraeg. Dyfynnwyd Weil gan Emyr
Llewelyn yng nghyfarfod coffa J. R. Jones; aeth yr athronydd
Dewi Z. Phillips ati wedyn yn Adran Athroniaeth Prifysgol
Abertawe i barhau i gadw gwaith y Ffrances o flaen y gymuned
ddeallusol Gymreig. Roedd Saunders Lewis yn edmygydd, ac yn
ei chymharu hi ag Ann Griffiths. Wrth drafod ei dylanwad ar
J. R. Jones, meddai, 'Mi gredaf fod y Ffrances hon yn feddyliwr
crefyddol o safon anghymharol uwch na Tillich na Schweitzer.'
Mae Menna Elfyn wedi nodi dylanwad Weil ar ei hymgyrchu
ieithyddol, ac yn 1992 fe luniodd hi ddrama amdani o'r enw *Y
Forwyn Goch*. Ymhlith cenedlaetholwyr amlwg eraill sydd wedi
cyfeirio ati y mae R. S. Thomas a Bobi Jones. Drwy waith y
rhain y deuthum innau at Weil hefyd, gan ei gwneud yn un
o wrthrychau fy ymchwil doethuriaeth yn y nawdegau, fel un
esiampl o nifer o ddeallusion a ymatebodd i her modernrwydd
gyda bydolwg hanfodol *wrth*-fodern. T. S. Eliot, Saunders
Lewis ac R. S. Thomas oedd yr esiamplau eraill a astudiais. Yn
ddiweddarach, yn 2004, fel modd o archwilio rhai tueddiadau
cyfoes yng nghymdeithas Cymru, fe droais hanes bywyd Simone
yn nofel o'r enw *Rhaid i Bopeth Newid*; cyhoeddwyd fersiwn
Saesneg diwygiedig a helaethach, *Everything Must Change*, yn

2007. Nid y fi fydd yr olaf, rwy'n siwr, i gael gwaith a bywyd Weil yn berthnasol i'n sefyllfa gyfoes yng Nghymru.

Anffawd llawer o lenorion, yn aml iawn, yw bod eu *cyfeillion* pennaf yn byw mewn oesoedd gwahanol iddyn *nhw*. Beth bynnag fu crwydriadau ac unigrwydd Simone Weil yn ystod ei bywyd helbulus, un peth sy'n sicr, fe gafodd y ffoadures hon gartref a chroeso cynnes ymhlith o leiaf un garfan o feddylwyr yng Nghymru. A chyhyd â bod arnom ninnau angen am wreiddiau, bydd gwaith yr alltud diwreiddiedig hon yn parhau i gynnig maeth ac ysbrydoliaeth.

Ffynonellau

J. R. Jones, *Ac Onide* (Llandybie: Llyfrau'r Dryw, 1970).

David McLellan, *Utopian Pessimist, The Life and Thought of Simone Weil* (London: Macmillan, 1989).

Simone Pétrement, [*La Vie de Simone Weil*; 1973] *Simone Weil, A Life*, cyf. Raymond Rosenthal (New York: Pantheon, 1988).

Thomas R. Nevin, *Simone Weil: Portrait of a Self-Exiled Jew* (Chapel Hill and London: University of North Carolina Press, 1991).

Simone Weil, [*Attente de Dieu*; 1950] *Waiting on God*, cyf. Emma Craufurd (London: Routledge & Keegan Paul, 1951).

Simone Weil, [*L'Enracinement*; 1949] *The Need for Roots*, cyf. Arthur Wills (London: Routledge & Keegan Paul, 1952).

Simone Weil, yn [*La Pesanteur et la Grâce*, gol. G. Thibon; 1947] *Gravity and Grace*, cyf. Emma Craufurd (London: Routledge & Keegan Paul, 1952).

Er mai mewn cyfieithiad Saesneg y gwnaethpwyd y rhan fwyaf o'r ymchwil ar gyfer y gwaith hwn, cyfieithiadau yn uniongyrchol o'r Ffrangeg i'r Gymraeg a geir wrth ddyfynnu gwaith Weil ei hun. Rwyf yn ddiolchgar i Nia Thomas am ei chymorth gyda'r gwaith hwn.

Perfformio J. R. Jones

Rhiannon M. Williams

*Y llynedd, cafodd y berfformwraig Eddie Ladd a minnau'r her o ddefnyddio
syniadaeth J. R. Jones yn sail ar gyfer perfformiad. Bydd yr erthygl
yma'n trafod yn bennaf sut y gall perfformiad fynd ati i drafod syniadau
athronyddol a pha olau y gall ei daflu arnynt, a hefyd y penderfyniadau
creadigol a wnaethpwyd er mwyn llunio ein perfformiad ni.*

Cefndir

MAE PERFFORMIAD YN FAES EANG, sydd yn anodd ei ddiffinio
ond eto sydd yn rhan o fywyd beunyddiol pob meidrolyn.
Yn ôl y cymdeithasegydd Erving Goffman, rydym yn gwneud
penderfyniad ynglŷn â'r modd yr ydym yn ein perfformio
ein hunain bob tro y rhyngweithiwn yn gymdeithasol. Gall
perfformiad gyfeirio at berfformio ar lwyfannau prif ffrwd, neu at
sut neu baham y mae grŵp o bobl yn perfformio neu'n datgan eu
hunaniaeth. Mae'n eang ei ddiffiniad, felly, ond yn ddefnyddiol,
os nad yn hanfodol, i edrych ar ein cyflwr ni fel dynoliaeth. Er
mwyn esbonio pam fod perfformiad yn gyfrwng addas i drafod
athroniaeth, a syniadaeth J. R. Jones yn benodol yn y cyd-destun
hwn, dyma gyfeirio at ambell feddyliwr a fydd yn gosod sail ar
gyfer dealltwriaeth bellach.

Dywed yr ysgolhaig o'r Americas, Diana Taylor, ein bod yn
storio gwybodaeth mewn dau fodd; drwy'r archif a drwy'r *repertoire*.
Cyfeiria'r archif at ddeunydd cyffyrddadwy: llyfrau, geiriau,
mapiau. Mae'r *repertoire* yn ddeunydd sydd yn ymgorfforedig:

hanes llafar, straeon, ffyrdd o symud, defodau. Creda Taylor fod y ddau fodd o wybod cyn bwysiced â'i gilydd, ond bod y byd Gorllewinol yn ffafrio'r archif. Oherwydd hyn mae perygl fod y *repertoire*, sydd yn llai gweladwy, mewn peryg o gael ei golli. Diwylliannau lleiafrifol sydd fel arfer yn arddel gwybodaeth drwy'r *repertoire* oherwydd yn aml nid yw eu harferion yn gallu cael eu cymhwyso at wybodaeth archifol, a hyd yn oed os yw'n bosibl, nid oes ganddynt yr awdurdod, na'r gallu yn aml, i greu archif iddynt eu hunain.

Ymdebyga hyn i syniad Michael Foucault o 'subjugated knowledge', sef bod hierarchaeth yn perthyn i'r wybodaeth a dderbyniwn, gyda gwybodaeth am y lleol, neu gan bobl o statws isel, yn cyfrif llai na gwybodaeth gan brif bwerau'r byd (a gaiff ei chyfleu yn aml mewn print).

Mae'r ymarferydd a'r ysgolhaig Dwight Conquergood yn grediniol fod hyn yn broblematig, gan ddweud: 'The hegemony of textualisation needs to be exposed and undermined.'[1] Â ymlaen i awgrymu y gellir gwneud hyn mewn modd cynhwysfawr wrth drafod rhwng disgyblaethau; gydag ymarfer neu berfformio syniadau sydd yn perthyn i lyfrau (yr archif) yn cyfrannu at ddeallltwriaeth newydd ohonynt, a *vice versa*. Credaf ein bod ni fel Cymry mewn perygl o anghofio'r rhan ohonom sydd yn byw yn y *repertoire* gan ein bod ar brydiau yn pwysleisio'r gair ac yn diystyried ein holl ddefodau ac arferion nad ydynt yn gallu cael eu cymhwyso yn union at yr archif. Ond yng ngeiriau Taylor:

If, however, we were to reorient the ways social memory and cultural identity in the Americas have been studied, with the disciplinary emphasis on literary and historical documents, and look through the lens of performed, embodied behaviours, what would we know that we do not know now? Whose stories, memories, and struggles might become visible? What tensions might performance behaviours show that would not be recognized in texts and documents?[2]

Hynny yw, gall hanes a thensiynau nad ydynt o reidrwydd yn weladwy gael eu trafod drwy roddi iawn ystyriaeth i'r *repertoire* fel modd dilys o wybod. Gall y *repertoire*, drwy ddeuawdu â'r archif, gyfrannu at ddealltwriaeth pellach o bwnc, gan dywynnu goleuni newydd arno, a gwahodd cyfraniadau annisgwyl a lleisiau gwahanol. Gall perfformiad gyflwyno syniadaeth a ddaw o'r *repertoire*, a bod yn fodd o drafod hunaniaeth diwylliant. Gall perfformiad fod yn fodd dilys o wybod ac yn fethodoleg ymchwil, gan felly gyfoethogi testun. I ddefnyddio terminoleg Jones, os ydym yn ein hatgoffa ein hunain fod y *repertoire* yn rhan o'n gwastadedd ffurfiannol ni, yn hytrach nag yn rhywbeth sydd yn rhan o'r gweithrediadol yn unig, gellir derbyn bod gennym yr hawl i ddefnyddio gwybodaeth ymgorfforedig fel cerbyd i arddangos ein hunaniaeth.

Rwyf o'r farn fod defnyddio perfformiad fel methodoleg i edrych ar athroniaeth J. R. Jones nid yn unig yn bosibl ond yn hollbwysig, gan uno 'oddi tan yr hollt',[3] sef yr hyn yr erfyniodd arnom i'w wneud er goroesiad a ffyniant yr iaith. Hynny yw, nid yn unig estyn allan i uno'r gwahaniaeth iaith a welir yng Nghymru mewn ffyrdd ieithyddol, ond 'pontio drwy gael y trwch i'w gweld hi yng ngolau ei harwyddocâd ffurfiannol'.[4] Mae modd i berfformiad arddangos diwylliant yr iaith Gymraeg mewn ffyrdd amgenach na geiriau yn unig. Gall perfformiad o syniadau Jones ddatgan ei waith i gynulleidfa newydd, a defnyddio egni a radicaliaeth ei syniadau mewn ffurf sydd y tu hwnt i'r gair. Dywedaf eu bod yn radical gan eu bod yn meiddio darogan diwedd i'r Gymraeg oni bai ein bod yn gweithredu i'w hadfer mewn ffyrdd newydd. Mae ei eiriau ysgogol yn cymell gweithred, a dyna'r hyn y gall perfformiad ei roddi.

Bu llawer o sôn am Frad y Llyfrau Gleision, ei effaith ar isymwybod y Cymry, a'r modd y mae wedi ein troi yn daeogion i ffyrdd Saesneg o fod, gan gyfaddawdu ar ein hunaniaeth genedligol ni. Mae'r ddawnswraig a'r ysgolhaig Margaret Ames yn grediniol nad rhywbeth a ddigwyddodd yn ein meddyliau yn unig yw hyn, ond yn ein cyrff yn ogystal, a bod ein gallu i weithredu'n radical wedi ei gyfyngu oherwydd y dylanwad hwn:

> The regulation of bodies in accordance with post-colonial demands that still echo with moral and social condemnations from the past leaves radical practice without a language.

Ond cred Ames hefyd fod modd i ni gael mynediad at fympwyon radical sydd wedi eu hymgorffori ynom drwy ollwng ffyrdd disgwyliedig o berfformio. Nid yw defnyddio ysfeydd radical yn newydd i berfformiadau yng Nghymru. Bu Ames, fel fy nghyd-weithwraig, Eddie Ladd, yn berfformiwr mewn sawl un o weithiau'r cwmni arloesol Brith Gof. Cwmni perfformio oedd Brith Gof oedd yn cynhyrchu gwaith safle-benodol ar ddiwedd y ganrif ddiwethaf. Roedd eu gwaith yn ymwneud yn aml â themâu oedd yn dathlu Cymreictod, neu'n ceisio delio â bygythiadau i Gymreictod. Roeddynt yn defnyddio ystod o dechnegau perfformiadol i gyfleu profiad: o gân a gweithred, i senograffaeth a thechnoleg. Roeddynt yn cynnig profiad nad oedd at ddant pob aelod o'r gynulleidfa, gan nad oedd efallai'n cydymffurfio gyda 'pherfformiad' mewn modd theatraidd traddodiadol lle disgwylir i berfformiwr ddiddanu ac i gynulleidfa eistedd ac ymlacio. Ond credaf mai eu parodrwydd i beidio â chydymffurfio, a'u menter i edrych ar ffurfiau newydd i gyfathrebu profiad, oedd yn gyfrifol am greu gwaith oedd ac iddo ysbryd ac anian radical Cymraeg a wnaeth gryn argraff ar gynulleidfaoedd. Mae hyn, yng ngeiriau Jones, yn enghraifft o '[w]rthweithio ag arfau diwylliannol',[5] o greu rhywbeth newydd i gyfleu profiad, sydd yn dangos y gall perfformiad o ddiwylliant fod yn bwysig wrth gyfleu syniadau amlhaenog am y Gymraeg i gynulleidfa eang. Mae'r *repertoire* yn bwysig er mwyn adfer troedle diwylliant yr iaith Gymraeg.

Roedd Eddie, fel finnau, yn gyfarwydd â rhywfaint o syniadaeth J. R. Jones. Yn bersonol, roeddwn wedi cyfeirio at ei waith yn fy noethuriaeth, gan fy mod yn teimlo bod ei syniadau rywsut yn dilysu pwysigrwydd gweithredu fel modd o oroesi. Roedd Eddie wedi tynnu ar ei syniadau mewn sawl perfformiad yn y gorffennol, ac roedd yn bresenoldeb yn ei pherfformiad diweddar gyda Theatr Genedlaethol Cymru, *Dawns Ysbrydion*.

Hoffwn aros gyda *Dawns Ysbrydion* am ennyd. Roedd yn gynhyrchiad a edrychai ar brofiad boddi Tryweryn, gan ddefnyddio fel ffrâm ddawns ysbrydion brodorion Americanaidd i geisio goroesi'r perygl fod fersiwn o'u byd yn dod i ben. Credaf iddo lwyddo i gyffroi yn gorfforol, trosgynnol, ac yn gwbl angerddol gydag egni radicalaidd Cymreig mewn modd na welwyd ar lwyfan prif ffrwd Cymraeg ers tro. Cafodd y darn dderbyniad o syndod, ond o bositifrwydd, gyda chynulleidfa wedi ei chyffwrdd ar lefel ddwys. Gellir ystyried hyn yng ngeiriau Taylor. Gall defnydd o gyrff ar lwyfan gyfleu profiad mewn modd sydd y tu hwnt i ddarllen gwaith, o'i ddadansoddi ar lefel eiriol yn unig. Gall dystio i brofiad corfforol, emosiynol, synhwyrus, sydd yn gafael mewn person mewn modd amlhaenog, ac sydd yn rhoi dealltwriaeth amgenach o bwnc neu brofiad.

Credaf y gall perfformio yn y modd yma fod yn rhan o ymgais ehangach i geisio dal gafael ar ryw fath o radicaliaeth Gymreig nad ydyw yn perthyn i systemau a phatrymau Eingl-Americanaidd. Gall perfformio fod yn llais sydd yn anodd ei dderbyn gan nad yw'n cydymffurfio â lleisiau eraill o'i amgylch. Nid yw bob tro yn cynnig profiad cyfforddus, hawdd, fel sydd yn ddisgwyliedig mewn llawer o gynyrchiadau eraill yn yr un cyfrwng; eistedd yn nhywyllwch goddrychol y sioe gerdd, er enghraifft. Mae ymwneud â pherfformiad o'r fath yn gallu bod yn waith caled, ond eto gall ganu rywle yn ddwfn yn yr enaid a pheri ymateb greddfol.

I mi, mae'r profiad o ddarllen gwaith J. R. Jones yn gallu

cael yr un effaith. Nid yw'n waith hawdd, ac mae'r syniadau yn gallu bod braidd yn anghyfforddus i Gymry cyfforddus, ond mae dealltwriaeth ohonynt yn caniatáu gweledigaeth o botensial Cymru i oroesi drwy weithred. Mae gwaith Jones yn gyfarwyddyd o fath i'r darllenydd, gan ddatgan: 'dyma sydd angen ei wneud er mwyn goroesi', ac er mor bwysig yw trin a thrafod y syniadau yma ar bapur neu ar air, mae perfformiad yn fodd o'u gweithredu.

Creu'r Perfformiad

Yn ein cyfarfodydd cyntaf, trafododd Eddie a minnau rai o erthyglau J. R. Jones, a pha syniadau neu agweddau o'i waith oedd wedi cydio ynom. Canolbwyntiwyd yn bennaf ar ei ysgrifau, yn enwedig felly *A Raid i'r Iaith ein Gwahanu?* ac *Argyfwng Gwacter Ystyr*. Roeddem yn gytûn ynglŷn â gloywder ei waith, ac roedd y modd yr oedd yn cynnig syniadau yn apelio, nid yn unig o safbwynt y syniadau eu hunain, ond o ran y modd disglair yr oeddynt yn cael eu datgan. Pleser oedd llefaru ei waith yn uchel – roedd megis gwrando ar bregeth danllyd, neu ar athro ysbrydoledig. Yn wir, teimlem, gan fod brawddegau neu eiriau mor gyfoethog a llwythog yn cael eu defnyddio yng ngwaith Jones, fod dyletswydd arnom i gynnig y rhain i gynulleidfa ein perfformiad i gnoi cil drostynt, gan eu bod yn fawr eu hapêl.

Sut fyddai mynd ati i roi'r geiriau yma i bobl felly? Beth allem ei wneud fyddai'n fodd diddorol o gyflwyno geiriau heb eu llefaru yn uniongyrchol yn unig? Mae perfformiad yn ffordd o roi, gyda'r perfformiwr yn rhoi i'r gynulleidfa. Teimlem fod Jones, drwy ysgrifennu mewn modd mor angerddol, yn rhoi i ni. Tybed a fyddem yn gallu cynnig y geiriau i'n cynulleidfa rywsut? Trafodwyd creu siop a fyddai'n gwerthu crysau-t a nwyddau eraill J. R. Jones, pob un yn datgan slogan neu eiriau o'i waith. Byddai hyn yn ei dro nid yn unig yn rhodd oddi wrthym ni i gynulleidfa, ond hefyd, wrth i gynulleidfa wisgo'r nwyddau,

Rhiannon M. Williams yn symud y bathodynnau ar y llawr dawns sgwâr heb ddefnyddio ei dwylo. Saif Eddie Ladd a'i chefn tuag at y bwrdd crwn.

byddent yn cymell ystyriaeth neu ymateb gan unrhyw berson a fyddai'n sylwi ar gynnwys y nwydd.

Roeddem yn ystyried y byddai siop nwyddau yn drafferthus yn ariannol ac yn anymarferol o bosibl. Penderfynasom felly ar gyfaddawd, sef rhoi bathodynnau i'n cynulleidfa. Meddyliem fod bathodyn yn 'fychanfyd' – yn grwn, ac yn feicrocosm o ddiddordeb y gwisgwr. Gall bathodyn ddenu llygad rhywun ar y stryd, gan beri adnabyddiaeth neu ystyriaeth o'r hyn a welant ar y bathodyn. Trwy roi bathodynnau i'n cynulleidfa, roeddem yn teimlo ein bod ni nid yn unig yn rhoi doethinebau Jones iddyn nhw, ond i bwy bynnag arall a fyddai yn sylwi ar y bathodynnau hefyd. Roedd yn fodd amgen o ledaenu ei air, o fod yn goeglyd, o annog ystyriaeth neu weithred.

Aethpwyd ati i archebu cannoedd o fathodynnau. Ysgrifen syml ddu ar gefndir gwyn; doedd dim angen mwy. Defnyddiwyd deuddeg gair/slogan at ei gilydd, gan gynnwys 'oddi tan yr hollt', 'bychanfyd', 'Pa Gymru?', 'gwneud yr amhosibl'. Cyrhaeddodd cwdyn o fathodynnau bach sgleiniog yn barod i genhadu gwaith Jones i'r byd.

Wedyn … beth nesaf? Er bod y weithred o roi bathodyn yn berfformiadol, teimlem nad oedd hynny, i ni, ynddi ei hun yn weithred a fyddai'n gwneud cyfiawnder â syniadau ac egni Jones. Roedd y ddwy ohonom am weithredu ymhellach a datgan rhywbeth cyn mynd ati i rannu'r bathodynnau. Mae Eddie yn gredwr mawr mewn defnyddio'r deunydd crai sydd yn perthyn i'r gofod ac i'r cyd-destun fel sail neu bresenoldeb mewn perfformiad. Mae hyn yn unol â chred un o sylfaenwyr Brith Gof, yr Athro Mike Pearson, sydd o'r farn y gall lleoliad ddylanwadu ar arferion neu berfformiad person yn ogystal â chyfrannu at adnabyddiaeth ohono: 'Y safle ei hun, felly, sy'n cynnig yr amgylchedd, yr offer a'r prosesau gweithio a allai gynnal perfformiad.'[6] Felly dyma edrych ar y deunydd oedd gyda ni, sef bathodynnau, a gofod perfformio, sef canolfan Dylan Thomas yn Abertawe. Clywsom fod y gynhadledd yn mynd i gael ei lleoli yn y ddarlithfa/theatr fechan yno, ond y byddai hefyd ofod arall ar gael, sef ystafell fawr, addas i gynnal dawnsfeydd neu frecwastau priodas ynddi. Roedd byrddau mawr crwn yn yr ystafell hon, ynghyd â naws agored, olau. Cawsom ein denu at yr ystafell fawr, a phenderfynasom mai honno oedd hi i fod.

Bellach, roedd gennym waith Jones, y gofod a'r bathodynnau fel seiliau ar gyfer ein perfformiad. Roedd byrddau siâp crwn yn amlwg yn yr ystafell, a gosodasom y bathodynnau ar fwrdd crwn yn ein hystafell ymarfer yn ôl yng Nghaerdydd. Gwelsom fod y siapau oedd yn cael eu creu drwy glystyru'r bathodynnau yn ymdebygu i batrymau cytser. Y diwrnod wedyn, daeth Eddie i'r ymarfer wedi cael gweledigaeth o ran yr hyn y gallem fod yn ei wneud yn ein perfformiad. Byrdwn ei syniad oedd ein bod yn rhoi gweledigaeth Jones i'r byd, ond eto yn ceisio ei ddeall yn ein cyd-destun ni. Gallai'r bathodynnau gynrychioli syniadau J.R., a'n bod ni, drwy weithred, yn ceisio eu deall a'u defnyddio i greu dealltwriaeth ohonynt yn ein bywydau. Awgrymodd ein bod yn defnyddio'r bathodynnau i greu cytser yn y ffurf y byddai'r sêr yn ymddangos dros ben Abertawe y noson honno a chanfu fap o union batrwm y sêr hynny, gan ein galluogi ni i greu siapau'r cytser ohonynt. Byddai'r dasg o adeiladu cytser allan o'r bathodynnau yn ein cynrychioli ni yn ceisio creu dealltwriaeth o syniadaeth Jones yng nghyd-destun ein bywydau.

Roedd y gorchwyl o gofio enwau, siapau, a nifer y sêr mewn cytser yn anodd, ond yn un oedd yn bosibl gydag amser. Darganfuom drwy ymarfer fod hyn yn dod yn broses fecanyddol, a'n bod yn gallu gweithio gyda'n gilydd i greu cytser. Wrth fyfyrio ar ddiben y gorchwyl o greu cytser eto, sef i geisio adeiladu strwythur o syniadau J.R. a fyddai'n caniatáu i ni geisio eu deall a'u gweithredu yn ein byd ni heddiw a nawr, gwelsom fod y dasg yn dod yn rhy hawdd. Mae syniadau J.R. yn rhai sydd yn gofyn am fenter; sut mae mynd oddi tan yr hollt neu wneud yr amhosibl heb ollwng arferion, neu heb wynebu tasgau anodd?

Aethpwyd yn ôl i gofio deunydd crai yr ystafell yng nghanolfan Dylan Thomas, a chofiwyd fod llawr dawns sgwâr yno. Cawsom y syniad y gallai'r llawr dawns weithredu fel gwrthbwynt i'r bwrdd crwn, ac y gallem fynd ati i drefnu'r cytser ar y llawr dawns yn ogystal â'r bwrdd, ond y byddai set o amodau gwahanol yn perthyn i'r llawr dawns. Byddai'r bwrdd crwn yn gallu cynrychioli trefn, strategaeth, neu'r *syniad* o drafod mynd oddi tan yr hollt / gwneud yr amhosibl. Byddai'r llawr dawns yn cynrychioli'r byd go iawn. Beth sydd yn digwydd pan fydd syniadau'n cael eu symud o ddiogelwch y bwrdd crwn / y gynhadledd / y llyfr, ac yn cael eu trosglwyddo i'r byd? Sut mae mynd ati i'w gweithredu? Beth yw ymarferoldeb gwneud yr amhosibl yn y byd go iawn? Penderfynasom y byddai modd defnyddio map / dwylo / a chydweithio i osod y cytser ar y bwrdd crwn, ond byddai hualau yn ein rhwystro rhag y fath broses hawdd ar y llawr dawns. Dim map, dim defnydd o ddwylo i symud y bathodynnau, a dim cydweithio. Roedd y gwrthgyferbyniad rhwng y ddau ofod yn syfrdanol felly, gydag un yn drefnus ac yn hawdd ei weithredu, a'r llall yn anhrefnus ac yn anodd. Credaf y gellir dehongli ein gweithredoedd ar y llawr dawns fel nid yn unig fynegiant o drosglwyddo sylwadau Jones i'r byd go iawn, ond y lletchwithdod a all ddod drwy gymryd camau i weithredu drwy gyfrwng y Gymraeg mewn rhai sefyllfaoedd. Er enghraifft, gall gofyn am wasanaeth Cymraeg mewn siop neu ar y ffôn beri lletchwithdod i mi, a theimlad o ymddiheuro am feiddio gofyn am y fath beth (meddylfryd y Llyfrau Gleision?). Wn i ddim a yw pawb mor

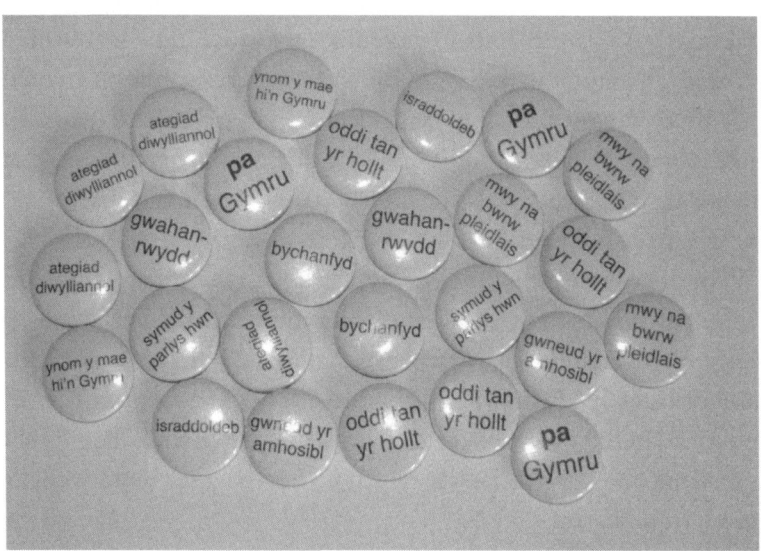

groendenau â mi, ond credaf fod hyn yn gyffredin i ni i gyd i wahanol raddau. Roeddwn yn awyddus i'r cywilydd hwnnw gael ei deimlo gan y gynulleidfa wrth i ni geisio'n gorau ar y llawr dawns. Gall perfformio gyfathrebu teimladau yn ogystal â'r gair.

Rhywbeth arall oedd ynghlwm wrth ddeunydd crai yr ystafell oedd Abertawe. Yn wir, roeddem yn ninas (a chanolfan) y ci ifanc, Dylan Thomas. Un olygfa drwy ffenestri mawr yr ystafell oedd Wind Street, heol nad yw'n anenwog am fedddod a blerwch. Cawsom glywed hefyd fod yr ystafell wedi cael ei defnyddio ar gyfer priodasau a digwyddiadau mawrion tebyg. Roedd yr elfennau hyn oll yn ychwanegu at wead ein darn, ac yn rhoi haenau o ystyr i ni fel perfformwyr wrth i ni fynd ati i'w ddatblygu. Felly, roedd y bwrdd crwn yn fynegiant o resymoli gwaith J.R., o'i drafod mewn cynhadledd, ac o drafod ei waith yn ddamcaniaethol. Roedd y llawr dawns, ar y llaw arall, yn cynrychioli blerwch y byd go iawn, naratifau eraill yr ystafell, a cheisio mynd â syniadau Jones allan at ein blerwch ni.

Ychwanegwyd yr ystum o boeri'r bathodynnau wrth gyrraedd y llawr dawns. Gan nad oedd modd i ni ddefnyddio'n dwylo, roedd rhoi'r bathodynnau yn ein cegau yn fodd ymarferol o symud y bathodynnau o un lle i'r llall. Ond y tu hwnt i hynny, roedd yn ymgorffori'r teimlad o fod yn ymwybodol o syniadau J.R. a'i eiriau coeth, ond o fod yn ddi-glem ynglŷn â sut i'w cymhwyso i'r byd y tu hwnt i furiau'r drafodaeth. Sut mae mynd oddi tan yr hollt yn fy mywyd i? Sut allaf wneud yr amhosibl? Wedi poeri'r bathodynnau yn swp ar lawr, ein tasg wedyn oedd ceisio mynd ati i'w trefnu, gan ddefnyddio'r corff, heb ddwylo, i geisio ymdebygu i batrwm y cytser. Roedd hyn, wrth gwrs, yn amhosibl. Roedd y llawr yn llanastr o fathodynnau, ein cyrff wrth boeri a cheisio symud y bathodynnau yn lletchwith. Roeddwn yn teimlo ar goll heb fap na syniad o ffurf y cytser oedd wedi ei osod yno'n barod.

Ond, eto, roedd yn *ymgais* i 'wneud yr amhosibl'.[7] Roedd yn gydnabyddiaeth fod modd gwneud, ac er nad oedd y canlyniad yn plesio, o leiaf roedd yr ymgais yn dangos bod modd i rywbeth ddigwydd.

Elfen arall yr oeddem yn ymwybodol ohoni oedd y ffaith y byddem ein dwy yn cyflwyno'r gwaith hwn i ystafell o ddynion gan fwyaf. Doedd hyn ddim yn broblem i ni, ond mae'n ffaith y mae angen ei nodi. Yn hytrach na pheidio ag ystyried hyn, penderfynodd Eddie a minnau y byddem yn ei amlygu. Dewisasom wisgo ffrogiau du a gwyn (y sêr a'r nos) teits du a sodlau. Roedd hyn yn cyfeirio hefyd at orffennol y llawr dawns, ac yn gydnabyddiaeth o Wind Street a'i antics. Roedd y sodlau ac anymarferoldeb y gwisgoedd yn ei gwneud hi'n llai posibl i symud yn rhydd, gan ychwanegu felly at letchwithdod poeri a thrafod y bathodynnau ar y llawr.

Y Perfformiad

Teimlwn bryder cyn perfformio gan ei fod yn rhywbeth a oedd yn gwbl wahanol i weddill rhaglen y gynhadledd. Gobeithiwn na fyddem ni yn cael ein gweld fel rhywbeth estron i'r drafodaeth, ac y byddai'r croeso a'r ymgais i ddeall yn un a fyddai'n cael ei gweld yn gyfartal yn hytrach nag fel gwaith yn perthyn i fyd arall. Yn aml, fel person creadigol sy'n credu yng ngrym y *repertoire*, teimlaf fy mod yn cael fy ngweld gan y rheini o fyd yr archif fel 'ramant[ydd] anghyfrifol',[8] sydd yn cynnig rhywbeth diddorol, ond nad ydyw'n gweithredu ar yr un dyfnder gwybodus â'r sawl a ddefnyddia'r archif fel y modd pennaf o wybod. Ond roedd gen i ffydd yn yr hyn yr oeddwn yn ei gynnig, a chredaf mai gorchwyl gweddill cynulleidfa'r gynhadledd oedd 'gwneud yr amhosibl'[9] yn eu termau nhw; sef derbyn yr hyn yr oeddwn yn ei wneud fel her i'w ffyrdd o wybod, a derbyn y *repertoire* yn rhan o'r ddisgwrs dderbyniol a allai fod yn fodd o weithredu syniadau J. R. Jones.

Wn i ddim a wnaeth y perfformiad apelio at bawb, ond cawsom

gynulleidfa a wnaeth ymdrech i fod yn bresennol gyda ni, ac wrth adfyfyrio, credaf fod eu presenoldeb wedi bod mewn modd y tu hwnt i'r gofodol, gyda'r mwyafrif yn ceisio cysylltu'r darn gyda'u dealltwriaeth o waith Jones.

Roeddem yn gyrff benywaidd yn perfformio o flaen cynulleidfa o ddynion yn bennaf. Rwy'n ceisio rhesymoli hyn, ac yn holi a yw hanes ac athroniaeth 'wedded to the word', ys dywed Taylor,[10] yn cael eu datgan a'u trafod gan ddynion, tra bo menywod yn fwy agored i gydnabod bod naratifau eraill a all gyflwyno hanes a syniadau. Ai'r dynion yw'r bwrdd crwn rhesymol, a'r menywod yw'r llawr dawns lle gall unrhyw beth ddigwydd? Wn i ddim, ond mae'n drafodaeth y credaf fod angen ei chael os yw'r syniad o uno oddi tan yr hollt yn un yr ydym yn credu yn ei bwysigrwydd. Gall agor trafodaeth o waith J.R. i fethodolegau y tu hwnt i'r archif annog lleiafrifoedd, megis menywod ym myd athroniaeth, i gymryd rhan, a gall esgor ar fewnwelediadau a phosibiliadau newydd.

Beth bynnag oedd dealltwriaeth y gynulleidfa o'r perfformiad, o leiaf fe gawsant fathodyn neu ddau i fynd gyda nhw yn rhodd! Mae'n destun balchder i mi hefyd fy mod wedi gweld pobl yn gwisgo'r bathodynnau ar achlysuron eraill wedi'r perfformiad, felly mae geiriau coeth J.R. yn dal i gyrraedd cynulleidfa ehangach mewn rhyw fodd.

Cawsom gynnig gan Theatr Genedlaethol Cymru i berfformio'r darn yn y Cwt Drama yn yr Eisteddfod Genedlaethol. Ailddatblygasom y darn yn llwyr bron, gan greu rhywbeth a fyddai'n adlewyrchu gofod Cwt Drama, ac anian yr Eisteddfod (eto, gan ein bod yn defnyddio'r deunydd crai yn y gofod oedd gennym). Af i ddim i mewn i hyn yn ormodol gan y byddai'n gofyn am bennod arall i drafod ein proses, ond dyma nodi rhai o'n prif bwyntiau gweithredu. Rhoesom y gynulleidfa ar y llwyfan, gydag Eddie a minnau yn perfformio o'r seddi lle byddai'r gynulleidfa fel arfer yn eistedd. Y syniad oedd ein bod yn canfod paragraffau o waith J. R. Jones mewn gwahanol lefydd yn y gofod er mwyn ein deffro o drwmgwsg Eisteddfodol. Roedd y syniadau yr oeddem yn eu darganfod ac yn eu darllen yn ein tanio ac yn ein cymell i weithredu, ac roedd y darn yn diweddu gyda'r cadeiriau yn cael eu chwalu'n llwyr. Credaf hefyd fod y bleidlais ar Brexit, a ddigwyddodd ers y gynhadledd ond cyn yr Eisteddfod, wedi dylanwadu ar y ffaith ein bod yn creu chwalfa gynddeiriog o'n gofod perfformio, gan ein bod ni fel perfformwyr yn ceisio rhesymoli'r sefyllfa enbydus hon i Gymru drwy eiriau Jones.

Perfformiwyd y gwaith i gynulleidfa nad oeddent, ar y cyfan, yn gyfarwydd â syniadau Jones. Onid yw hyn yn dangos posibiliad perfformiad fel modd o wybod ac o gyflwyno'r *repertoire*, ac i ledaenu gair Jones drwy ffyrdd newydd? Roedd ein gweithredoedd perfformiadol, oedd yn mynd yn fwyfwy corfforol ac egnïol wrth i'r perfformiad fynd yn ei flaen, yn ymgais i arddangos tensiynau diwylliannol radical drwy'r corff.

Mae Jones yn ei waith yn gosod her i ni, i ddeall, myfyrio a gweithredu. Credaf y gellir dweud bod perfformiad yn fodd i ddatgelu a myfyrio ar ddiwylliant iaith Gymraeg a'i ddatgan neu ei weithredu yn eang. Gall fod yn fforwm o weithredoedd sydd yn cyfathrebu ond hefyd yn cymell, a phan ddaw pobl at ei gilydd mewn gofod i fod yn rhan o berfformiad, gall esgor ar bosibiliad.

Nodiadau

[1]   D. Conquergood, yn E. P. Johnson (gol.), *Cultural Struggles: Performance, Ethnography, Praxis* (Ann Arbor: The University of Michigan Press, 2013), t. 35.

[2]   D. Taylor, *The Archive and the Repertoire: Performing Cultural Memory in the Americas* (Durham and London: Duke University Press, 2003), t. xviii.

[3]   J. R. Jones, *A Raid i'r Iaith ein Gwahanu?* (1967; e-argraffiad, Caerfyrddin: Coleg Cymraeg Cenedlaethol, 2013), *https://llyfrgell.porth.ac.uk/View.aspx?id =1984~4w~xVCvoNix*, t. 9.

[4]   Ibid.

5   Ibid., t. 12.

6   M. Pearson, 'Perfformio Safle-Benodol', yn A. Jones ac L. Lewis (goln),
     Ysgrifau ar Theatr a Pherfformio (Caerdydd: Gwasg Prifysgol Cymru, 2013),
     t. 143.

7   Jones, *A Raid i'r Iaith ein Gwahanu?*, t. 13.

8   Ibid., t. 14.

9   Ibid., t. 13.

10   D. Taylor, yn R. Schechner, *Performance Studies: An Introduction* (London:
     Routledge, 2006), t. 12.

Llyfryddiaeth

M. Ames, 'Blodeuwedd: Somatic Efforts in Directing: A Political Imperative?',
Cyfrwng, Cyfnodolyn Cyfryngau Cymru, 7 (2010), 38–57.

E. Goffman, *The Presentation of Self in Everyday Life* (St Ives: Penguin Books,
1990).

C. Gordon (gol.), *Power/Knowledge: Selected Interviews and other Writings 1972–
1977* (New York: Pantheon Books, 1980).

E. P. Johnson (gol.), *Cultural Struggles: Performance, Ethnography, Praxis* (Ann
Arbor: The University of Michigan Press, 2013).

A. Jones ac L. Lewis (goln), *Ysgrifau ar Theatr a Pherfformio* (Caerdydd: Gwasg
Prifysgol Cymru, 2013).

J. R. Jones, *A Raid i'r Iaith ein Gwahanu?* (1967; e-argraffiad, Caerfyrddin: Coleg
Cymraeg Cenedlaethol, 2013), *https://llyfrgell.porth.ac.uk/View.aspx?id=1984
~4w~xVCvoNix*.

R. Schechner, *Performance Studies: An Introduction* (London: Routledge, 2006).

D. Taylor, *The Archive and the Repertoire: Performing Cultural Memory in the Americas*
(Durham and London: Duke University Press, 2003).